# 重新連結

## 培育與神親近

## 靈性操練手冊

David Sherbino

# 重新連結
## 培育與神親近，靈性操練手冊

作者　　　David Sherbino
翻譯　　　張余杏貞、區展熾
出版　　　Castle Quay Books
版次　　　x年x月初版
書號:　　　978-1-988928-32-6
電子書 ISBN: 978-1-988928-33-3
版權　　　David Sherbino

# re:connect
## Spiritual Exercises to Develop Intimacy with God

Author　　　David Sherbino
Translator　Wendy Chung (鍾德芬), Alfred Au
Publisher　　Castle Quay Books
Edition　　　First edition
ISBN: 978-1-988928-32-6
eBook ISBN: 978-1-988928-33-3
Copyrights　David Sherbino

# 目錄

# 簡介

近年來，屬靈操練逐漸成為人們很感興趣和討論的話題。有些人見證這些操練讓他們與神進入更親密的關係；另外有些人想這樣做，但是不知道如何將屬靈操練融入日常生活中。時間似乎是最大的障礙，我們太忙於「做事」，無法將屬靈操練培養成生活的一部分；也沒有足夠時間在神面前「安靜」下來，尋求與祂親近。我們需要找個途徑與神「重新連結」。

這本手冊就是為此而設，專注於禱告操練；就是聆聽神，然後回應神。耶穌的門徒有個請求，求主教他們禱告。他們聽過主的教導，看過祂施行神蹟，也見證了祂的禱告生命。最後門徒得出了結論，如果他們要繼續完成主開始的事工，就要與神有親密的關係；他們知道要與神保持連結。

如果你渴望更親近神，或重新與神連結，這些操練會幫助你。這是每日練習的材料，在設計上不僅讓你學習操練的規則，還能實際體驗這些操練。這手冊為期七週，如果你仔細遵循，你會察覺自己在靈性操練和敬虔生活上有所改變。

我們以「安靜與獨處」的操練作為練習的開始。這練習能讓我們學會停下來，並在安靜中等候，以至我們能聽到神對我們說話。第二個操練是學習我們在向神說話之前，先聆聽祂的說話；這是來自傳統「敬虔聆聽」的操練。第三個操練是學習「經文禱告」，這些經文內容已經成為世世代代神子民的禱告。第四個操練是學習「認罪禱告」，這源自於一種古老的禱告形式，稱為「省察禱告」。第五個操練專注於「哀傷」，我們大多數人都經歷過痛苦和悲傷的時刻，「哀傷禱告」讓我們在神面前有真誠的呼求。

# INTRODUCTION

第六個練習是「懇求禱告」，我們為自己和其他人代求。最後是「感恩與讚美」，重點是以神的名作為我們禱告的基礎。

最後一課專注於解釋教會年曆，並提供練習幫助引導你在全年這些節期中禱告。

體驗這本書的關鍵在於每天完成練習。

願你能享受其中！

## 第一週：安靜與獨處

# 「你們要停下來，要知道我是神。」

（詩46:10 [環球《聖經》譯本]）

當我們尋求各種屬靈操練幫助自己更親近神，我們從安靜和獨處作開始。古往今來，上主敬虔的信徒都曾操練安靜和獨處；在他們繁忙的日程中，刻意騰出空間去聆聽和傾注神的聲音。沒有安靜和獨處，我們就永遠無法完全與神建立親密的關係，因為有許多其他的聲音能奪去我們的專注和委身。

彭寧頓（Basil Pennington）是一名作家和神學家，他曾用池塘作比喻，描述安靜對集中專注神的重要。他說：當你扔一塊石頭入池塘，石頭激起的漣漪能擴散到岸邊，前提是有靜止的池塘。當池塘寂寥平靜時，整個水面都可以看到石頭的衝擊力。但是當池塘沒有靜止下來，水面早已波動起伏，石頭濺起的水花就不易察覺；那裡有風已攪動水面，石頭就無法再引起波動。有風暴的地方已經到處波瀾起伏，沒有人注意更多的波浪，它們只會在水面的波瀾中消失。平靜是領受的先決條件。

在這個世界裡，我們似乎一直被人群和噪音圍繞著，要保持平靜並經歷神的同在，似乎是非常困難和不可能。不但如此，我們被忙碌驅使著，因為很多人認為他們的價值是取決於自己所做的

事，故此，片刻安靜和獨處似乎很不划算；對某些人來說，甚至完全沒有意義，因為那會被視為無所事事。不過如果我們想聽到神的聲音，就必須降服並與神建立親密的關係，然後我們才能聆聽和傾注神那柔和寧靜的聲音。

# 《在主前靜默》
靜默在至聖的主跟前，主今親臨同在。
這是神聖之地，主聖潔無瑕疵；
你當尊祂為聖，向祂屈膝敬拜。
肅靜在至聖的主跟前，主今親臨同在。

靜默在榮耀的主跟前，主光輝今環繞。
榮耀至尊君王，主威榮誰能瞻？
主以光輝為冕，聖火不熄常燃。
肅靜在榮耀的主跟前，主光輝今環繞。

靜默在全能的主跟前，主施大能權柄。
主來潔淨、醫治，來祝福賜宏恩；
以信心瞻望主，萬事祂皆能成。
肅靜在全能的主跟前，主施大能權柄。[1]

（《恩頌聖詩》#443）

## 耶穌的榜樣
以下的經文顯示，主耶穌以操練安靜和獨處是祂的一個生活常規。

《馬太福音》4章1節：我們知道聖靈引領耶穌進到曠野，有一段禁食及獨處的時間，在這次特別的經歷後，耶穌「滿有聖靈的能力」回到加利利（路4:14）。

《馬太福音》14章23節：耶穌向眾人講道後打發他們離開，獨自上山去禱告。耶穌完全獨自一人，祂讓群眾和祂的門徒都離開，這樣就可以單獨與神一起。

《馬可福音》1章35節：耶穌在會堂裡教訓人，醫治各種疾病，做這些事工直到深夜。第二天清晨天還未亮，祂就起來到曠野的地

方去，與父神有獨處的時間。如果耶穌等到早上稍遲一點，祂就永遠沒有時間和機會有個人的安靜和獨處；因為民眾的需要總是源源不絕。

當我們思想這些經文，很明顯地，我們若想更像耶穌般生活，就必須像祂一樣操練安靜和獨處。

## 安靜之處

《聖經》讚美安靜的美德，《箴言》告訴我們：「多言多語，難免有過；禁止嘴唇，是有智慧。」（箴10:19）「愚昧人若靜默不言，也可算為智慧，閉口不說，也可算為聰明。」（箴17:28）在新約中，雅各甚至這樣說：「若有人在話語上沒有過失，他就是完全人。」（雅3:2）

耶穌同樣強烈警誡我們要謹慎言語，祂宣告說：「凡人所說的閒話，當審判的日子，必要句句供出來。因為要憑你的話定你為義，也要憑你的話定你有罪。」（太12:36-37）

魯益師（C.S. Lewis）在《地獄來鴻》一書中，將說話放在魔鬼的口中，顯示噪音是惡魔的朋友。牠說：「我多麼討厭安靜和音樂這兩樣！我們應該慶幸自從我們的父親（就是路西弗）進入地獄以來，沒有一寸空間和一分時間向這兩樣可惡的力量投降；卻是被噪音、噪音充滿了！這種以聲音表達極大活力的氣勢磅礴，只有噪音才能使我們擺脫愚昧的不安、絕望的顧忌和不可能的慾望，我們最終會將整個宇宙變成噪音。我們在世上已在這方向取得重大的進展，天上的樂章和安靜，最後將會完全停止。」[2]

操練安靜並不表示我們必須一直保持沉默或不說話，有時安靜是痛苦而且具破壞力，例如：我們給某些人沉默的對待。操練安靜之道，我們必須知道何時說話、對誰說話，以及如何正確地說話。

使徒保羅在《腓立比書》告訴我們只要說：「真實的、可敬的、公義的、清潔的、可愛的、有美名的，若有甚麼德行，若有甚麼稱讚…。」（腓4:8）詩人也說：「有何人喜好存活，愛慕長壽，

得享美福，就要禁止舌頭不出惡言，嘴唇不說詭詐的話。」（詩
34:12-13）

安靜的主要目的，既然是幫助我們在基督的愛和知識裡增長，我們就必須謹慎言語；有時甚至要犧牲我們想說話的欲望，特別是當我們的言語會造成傷害或破壞時。

我們和別人說話時，操練沉默也很重要。雅各寫道，當我們聽別人講話時要這樣：「但你們各人要快快地聽、慢慢地說、慢慢地動怒。」（雅1:19）

## 獨處的地方

福音書告訴我們，耶穌花很多時間遠離事工和群眾，只是與神獨處。在祂開始傳道前，進到曠野有40天的時間禱告和禁食（太4:1-11）。

耶穌隨後教導門徒也要這樣行。祂服侍群眾後，叫門徒坐船到湖的對岸，他們在那裡能遠離群眾一而再的需求（太14:13-33）。耶穌知道門徒需要獨處的時間，讓神更新、被聖靈賜下能力，他們才有力量繼續事工。他們必須往「各處」去前，先有「獨處」。

主耶穌還鼓勵跟隨祂的人，在禱告時要有一個獨處的地方。祂說禱告時應該進入內室，向暗中的父禱告。（太6:1-8）

著名作家兼屬靈導師亨利·盧雲（Henri Nouwen）曾說：「獨處對很多人來說很困難，因為他們不知道獨處要做甚麼。我們大多數人已經習慣了忙碌和高效率；但是獨處就似乎甚麼都不做。對於那些慣常將工作效率看為自我價值指標的人來說，獨處跟他們的生活模式截然不同，這是巨大的變化。然而，我們獨處並不是完全孤單；基督與我們同在，我們和祂有更深的關係。」

我們進入獨處，首先是遇見我們的主，單單與祂在一起。因此，我們首要任務不要過份注意那些攪擾自己的面孔，卻是單單以心靈仰望我們神聖的救主。只有在恩典中，我們才能面對自己的

罪;只有在醫治裡,我們才敢展現自己的傷口;只有專心仰望基督,我們才能捨棄揮之不去的恐懼,面對自我真實的本性。當我們開始意識到不再是自己活著,乃是基督活在我們裡面,祂才是我們的真我;我們才能逐漸消除自我的執著,並開始經歷作為神兒女的自由。

因此,獨處是靈命淨化和轉化的所在,也是極大掙扎並與神相遇的地方。獨處不僅是達到某個標準的工具,它本身就是目標。獨處讓基督以自己的形象重塑我們,使我們在地上受壓迫中得釋放。獨處是我們救贖之地,故此在黑暗世界中,獨處就是我們要帶領所有尋求光明者所到之處。聖安東尼(St. Anthony)曾與世隔絕20年,當他離開隔絕的生活,帶著他多年獨處的經歷,與所有來到他身邊的人分享。那些見過他的人形容他很平穩、溫和、有愛心;他變得有基督的樣式,閃爍著神的愛,他整個生命就是服侍神。

這些練習給予你機會,實踐一些關於安靜和獨處的基本要素,並探索這操練的一些好處。剛開始時,你或者會感到有點奇怪或不自然,但是如果你堅持下去,你會開始欣賞它,甚至可能追求有規律的安靜和獨處時間。對於那些有點外向的人,我必須先要告訴你:「有點難哦!」至於對那些內向的人來說:「這是夢想成真了!」

### 安靜和獨處的操練
# 第一天:聆聽和傾注神的聲音

DAY 1

有許多聲音要得到我們的注意。在安靜和獨處中,我們要與這些聲音保持距離,才能聽到神的聲音。

以利亞站在何烈山上,他聽到神微小的聲音。

「耶和華說:『你出來站在山上,在我面前。』那時,耶和華從那裡經過,在他面前有烈風大作,崩山碎石,耶和華卻不在風中;風後地震,耶和華卻不在其中; 地震後有火,耶和華也不在火中;火後有微小的聲音。 以利亞聽見,就用外衣蒙上臉,出來站在洞口。…」(王上19:11-13)

哈巴谷面對一個殘暴的國家，他為神的主權計劃糾結時，他站在哨崗守望，看看神要對他說甚麼。「我要站在哨崗，立在城樓，留心看耶和華在我裡面說甚麼，怎樣使我答覆自己的怨訴。」（哈2:1 [新譯本]）

誠然，要聆聽神的聲音，安靜和獨處不是絕對必要；否則我們永遠無法在日常生活中察覺神的啟示。不過我們有時又的確要撤去一切攪擾，這樣才能聽見神對我們說話。

## 練習

1. 找一個安靜和遠離攪擾的地方，以此作為你日常的「聖所」。
2. 在主面前安靜坐下，將這段時間呈獻給神，表達你渴望和祂一起。無須說話，只需在主前靜坐五分鐘。
3. 閱讀列王記上19章1-18節。
4. 記下你對這段經文的任何想法。
5. 聆聽「神微小的聲音」。
6. 寫一個表達你渴求的禱告，就好像你和以利亞一起。
7. 安坐五分鐘後，然後感謝神在你的生命中與你同在。

# 第二天：身體與靈性的更新

DAY
2

我們所有人都需要定期有裡外的更新。在創造的故事中，神在第七天休息，並命令我們也要這樣做。換句話說，神不打算讓我們不停斷地工作下去，而是希望我們能定期有休息和更新。

耶穌明白這個道理，也如此教導祂最親近的跟隨者。在福音書的記載，耶穌和門徒忙於服侍群眾而無暇進食午餐。最後耶穌告訴門徒，他們需要休息。「你們來，同我暗暗的到曠野地方去歇一歇…。」（可6:31）

許多人被困於忙碌的生活方式。我們沒有時間休息，甚至我們的週末都充滿了緊張的活動，卻困惑為何壓力還是那麼大。我們需要有規律的安靜和獨處，讓身心靈都得到更新。

亨利·盧雲是一位忙碌的學者,他在紐約州的杰納西修道院(Genesee Abbey)有六個月的安息休假。在此期間,他寫下在尋找安靜和獨處中,經歷了明顯的自相矛盾。

「在抱怨有太多索求的時候,我甚麼都不做,卻又感到心神不定。在談到寫信是重擔時,信箱空空如也,卻令我感到難過。正為疲累的巡迴演講苦惱時,我卻因為沒有被邀請而感到失望。在提及想有一張空空的書桌時,內心卻害怕這一天真的到來。總而言之,在渴望獨處的同時,我卻害怕孤獨。我愈意識到這些矛盾,就愈覺得自己愛上這些強迫性的行為和假像。我多麼需要退後一步想想:『在我的小小世界裡,起伏不定的肯定和拒絕下,是否有一條平靜的溪流?那裡是否有一個靜止點,是我生命被錨定之處,在那裡能得到希望、勇氣和信心?』」[4]

## 練習

1. 花點時間檢視自己的日程表。你有沒有按時休息和更新?上次這樣做是甚麼時候?當你花時間休息和被更新時,是否有罪疚感?
2. 閱讀《馬可福音》6章30-56節。當耶穌服侍群眾時,你有何發現?你如何描述祂服侍的方法?
3. 制定本週的休假計劃。你會做甚麼?在甚麼時候做?當你做完這個練習後,花點時間反思你的經歷。
4. 這樣做會變成你的常規經歷嗎?

# 第三天: 學習信靠神

大多數人都喜歡事情按照他們的時間表迅速去做,而我們又總是非常匆忙。基督徒心理學家阿奇巴德·哈特博士(Archibald Hart)認為,我們的文化都患了「匆忙症」。

約翰·奧特伯格(John Ortburg)指出:「我們會購買任何能保證我們可以快一點的東西。美國最暢銷的洗髮水銷量飆升,因為它把洗髮水和護髮素二合為一,節省人們過去要沖洗多一次的所需時間…。」

DAY

3

他接著說：「我們追棒快餐店，不是因為他們售賣好的食物或便宜的食物；而是這是『快餐』。即使在引入快餐後，人們仍然需要泊車、進入餐廳、點餐，拿取食物到餐桌，這些都頗花時間。於是我們發明了直通車道的點餐服務，以便家人可按照自己的意願在汽車內用餐。」[5]

當事情與我們的期待或希望有所出入時，我們就忙碌著嘗試去解決，有時候便變得焦慮不安。只要我們忙著做些事，就以為會處理好事情，因為我們正忙著想要去解決；其實我們只是在兜圈子。

來到神跟前，在安靜和獨處中等候他，完全信靠他，等候神以他的權能和時間來成就。詩人大衛曾說：「我的心默默無聲，專等候神，我的救恩是從祂而來。惟獨祂是我的磐石、我的拯救，祂是我的高臺，我必不很動搖。…我的心哪，你當默默無聲，專等候神，因為我的盼望是從祂而來。惟獨祂是我的磐石、我的拯救；祂是我的高臺，我必不動搖。…你們眾民當時時倚靠祂，在祂面前傾心吐意，神是我們的避難所。」（詩62:1-2, 5-6, 8）

## 練習

1. 慢慢閱讀《詩篇》62篇
2. 閱讀完經文後，在神面前安坐。
3. 從閱讀中有任何思想，寫在靈修日誌。
4. 當你想到自己今天的人生境況，信靠神對你來說是甚麼意思？
5. 你將這些事交托神困難嗎？
6. 你覺得神希望你怎樣做？
7. 閱讀《腓立比書》4章6-7節。寫一篇禱文，並將此真理應用到你的生活裡。
8. 背誦《腓立比書》4章6-7節，特別當你焦慮時，默想這些經文。

DAY

4

# 第四天：培養對人的靈敏度

當我們不停斷地陪伴別人，我們會感到心力交瘁、精力耗盡。我們經常聽到有人說「耗盡」（burn out），這表示我們已經到了筋疲力竭的地步，覺得再沒有甚麼可以付出；在情緒上，我們是「死寂」了。靠著安靜和獨處，我們可以在體力、情緒和靈性上得到更新，可以回到生命的主流，並「奉耶穌的名」事奉。我們

大多數人不會蒙召過離群獨居的生活，我們都是被召住在某個社群裡；不過那是很多需要的地方，因為人們總有很多渴求。

當我們花時間與神獨處，祂會更新我們，幫助我們用祂展現的柔和與憐憫去服事人。如果沒有這個更新的時間，我們就會逐漸「厭煩做好事」，並開始怨恨別人對我們的要求。當主耶穌看到人們的需要時，祂總是對他們表示憐憫，因為祂看他們是「沒有牧人的羊」。

湯瑪斯·默頓（Thomas Merton）說：「獨處不是背對著世界，而是把臉轉向神。」[6] 當我們這樣做，我們對人的態度就有所不同。我們開始聆聽他們，減少對他們評頭品足，並且全心全意和他們一起。

## 練習
1. 用五分鐘進入安靜，重複唸誦《耶穌禱文》：「主耶穌基督，神的兒子，求祢憐憫我這個罪人！」
2. 做了這禱告後，再用五分鐘讓這禱告在靈裡產生共鳴，神的憐憫對你有甚麼意義？
3. 閱讀《路加福音》18章9-14節，法利賽人和稅吏的比喻。
4. 你最認同哪一個人？這個故事怎樣幫助你培養對別人的敏感度？你下一步會怎麼做？
5. 想想今天你會遇到哪些人。你需要怎樣的恩典才能成為他們的「基督」？當你禱告時，求主讓你能有特別的方法，體會這些人的感受。

# 第五天：面對試探

DAY 5

耶穌開始祂的事工前，聖靈帶領祂進入曠野，40晝夜安靜獨處與魔鬼爭戰。馬太記載耶穌遇到三個不同的試探，這些試探都慫恿祂撇下祂的呼召。亨利·盧雲在他的書《奉耶穌的名》中，討論這三個試探在我們基督徒的旅程中都會面對。

盧雲說第一個試探具相關性：「如果祢是神的兒子，可以吩咐這些石頭變成食物（太 4:3）。我們在事奉時也面對類似的試探。」他說：「我們被呼召，不就是讓人的生活變得不一樣嗎？難道我

們不是被召去醫治病人、餵飽饑餓的人，並減輕窮人的痛苦嗎？
耶穌也面對相同的問題，但是當祂被試探要把石頭變成麵包，用
這能力證明自己是神的兒子時，祂堅持一己的使命並宣告說：
『經上記著說：人活著，不是單靠食物，乃是靠神口裡所出的一
切話。』」[7]

當許多事奉的人覺得，他們所做的事對人們的生活毫無影響時，
說不定我們就試圖透過滿足別人的要求而顯得有相關意義。盧雲
挑戰我們要小心這種表面看來無傷大雅的引誘，他認為：「將來
的領袖是敢於宣稱：自己在當今世界所做的聖職，與現實生活毫
無關連。這是一個神聖的職事，他或她能夠對所有璀璨成功背後
的痛苦深表關懷，並將耶穌的亮光帶到那裡。」[8]

第二個試探是引人注意，做一些能讓群眾喝彩和認同的事情。
「祢若是神的兒子，可以跳下去，因為經上記著說：『主要為祢吩
咐祂的使者，用手托著祢，免得祢的腳碰在石頭上。』」（太4:6）
盧雲說：「耶穌拒絕做耍把戲的人，祂不是來證明自己⋯ 當你察
看今天的教會，很容易看到個人主義在傳道和牧者中普遍盛行。我
們沒有太多人是多才多藝並引以為傲，但我們又多數覺得如果要有
些甚麼表現，就必須是獨自做的事⋯。我們這個競爭的社會褒揚明
星和個人英雄主義，這對教會來說也不陌生，那裡有強勢的自我形
象，讓男人或女人覺得自己可以做這一切。」[9]

第三個試探是權力的誘惑。「魔鬼又帶祂上了一座最高的山，將
世上的萬國與萬國的榮華都指給祂看，對祂說：『祢若俯伏拜
我，我就把這一切都賜給祢。』」（太4:8-9）盧雲寫道：「基
督教歷史上一個最大的諷刺，就是教會領袖不斷屈服於權力的引
誘⋯ 最大的謬誤，就是認為權力是傳講福音最恰當的工具。我們
不斷聽到別人的聲音，也經常這樣對自己說：擁有權力用來事奉
神和你的同胞，都是一件好事。隨著這種合理化便發生十字軍東
征、組織宗教法庭、印第安人被奴役、渴求極大影響力的職位、
建立教王式（Episcopal）的宮殿；並且對良心進行了許多道德的
操控。

是甚麼讓權力的誘惑看似難以抗拒？也許權力為那艱鉅的愛的任
務，提供了一種簡單的替代品。似乎看自己是神比愛神更容易，
操控人比愛人更容易，擁有生命比愛生命更容易了。

有一件事很清楚，當親密關係成為威脅時，權力的引誘是最大的。許多基督徒領袖是由那些不知道如何發展健康親密關係，並選擇了權力和支配的人執行。許多基督教帝國締造者，都是無法給予愛和接受愛的人。」[10]

我們知道在三個試探結束後，「於是魔鬼離了耶穌，有天使來伺候祂。」（太 4:11）

耶穌沒有被試探所勝，但是試探並未止息。在祂事工的末了，我們看到祂依然面對挑戰。耶穌獨自在客西馬尼的花園裡，祂三個最親密的追隨者睡著了；耶穌再次面對難以承擔的挑戰。祂會接受父的旨意，順從走向十字架，還是逃避那些要尋索祂命的人？痛苦那麼大，以至祂的「汗珠如大血點滴在地上」（路22:44）。

有時候，當我們一個人，安靜瀰漫時，；試探就會在我們裡面產生。

獨處也是一段考驗期，我們不需要逃避它。從某種意義上來說，假如上帝也進入我們的考驗中，我們幾乎是歡迎獨處。我們若曉得活著的基督在我們生命中的大能，那麼我們就知道祂與我們同在，「那在你們裡面的，比那在世界上的更大」。我們不僅藉著這些經歷成長，若抓緊基督，必然得勝。

## 練習

1. 找些時間回想你在獨處時，面對試探和考驗的經歷。那是怎樣的經歷？你的感覺如何？
2. 閱讀《馬太福音》4章1-11節，講述耶穌受試探，並祂在《路加福音》22章39-46節所受的試驗。
3. 當你回想自己的經歷時，你是否處理得很好？耶穌這兩段描述能否幫助你以不同方式處理試探和誘惑？
4. 如果你此刻正面對一些試探和考驗，請寫下一個禱文，不單表達你的掙扎，也表達你的祈求。
5. 背誦《約翰壹書》4章4節，以此作為你的禱告；並在今天唸誦幾次。

**DAY**

**6**

## 第六天：建立你的禱告生活

「次日早晨，天未亮的時候，耶穌起來，到曠野地方去，在那裡禱告。」（可1:35）

亨利·盧雲說：「在充滿主作為的經文中 ─ 醫治痛苦的人、趕出污鬼、回應不耐煩的門徒、行走於城鎮到城鎮和從會堂到會堂中講道 ─ 我們發現有這節安靜的經文。」

在這些令人透不過氣的工作裡，我們聽到平靜的呼吸。在許多小時的活動後，我們找到片刻的寧靜。在全心投入的事務裡，有要撤回來的說話。在行動中，有沉思；在許多相聚後，有獨處。我讀得愈多，這些安靜的句子幾乎定格在響亮的動詞之間，我就愈感受到耶穌事工的秘訣，是隱藏在那孤寂的地方；早在黎明清晨前，祂去禱告。

在一個孤寂的地方，耶穌找到遵從上帝旨意的勇氣，而不是祂自己的意思；去傳講神的道而不是自己的話；去做神的工，而不是祂自己的事。祂不斷提醒我們：『我在父裡面，父在我裡面，你不信嗎？我對你們所說的話，不是憑著自己說的，乃是住在我裡面的父做祂自己的事。』（約 14:10）這是孤寂的地方，耶穌在那裡與父神建立親密關係，祂的事工因而產生。[11]

耶穌獨處時，能聽到父神的聲音，而不是被週圍群眾的要求和需要所指使。在禱告裡，我們首先要在神面前安靜，以致能聽到祂向我們說話。

耶穌還告訴跟隨祂的人，當他們禱告時，他們「要進入內室，關起門來，向你那暗中的父禱告。」禱告從來不是要在人前顯露敬虔的一種行為，這只是法利賽人喜歡做的事。在安靜之處，我們能簡單地與神「在一起」，不被週圍的環境或人事分心，我們就可以專注聆聽神。獨處是我們敢於在神面前坦誠，祂曉得我們的內心；重要的是，如果我們想與祂建立親密關係，我們向神和自己都要完全忠誠。只有在一個無條件地愛和接受自己的神面前，我們才會冒險這樣做。

## 練習

1. 到一個安靜的地方，有30分鐘不被打擾。
2. 閱讀《馬太福音》6章6-15節。
3. 在安靜中等候神。隨著思緒進入你的腦海，在禱告中向神陳明。小心不要避免痛苦和令人不安的思想，這是你可以向神敞開心扉和脆弱的地方。
4. 禱告最後時，以耶穌在《馬太福音》6章9-13節的教導作結束。

# 第七天：為自己的死亡作預備

操練安靜和獨處，也可說是為面對死亡作準備；這說法即使不是病態，也相當奇怪。然而，死亡是一個將會發生在所有人身上的事實，都是我們需要面對的。

很有意思的是，當人們臨終時，他們總希望有人陪伴，不想獨自經歷那個階段。部分可以解釋的原因是我們與所愛的人建立了情感連結，他們早已是我們生命的一部分，而死亡意味著這些關係將會分離。因此許多人在死亡前會經歷「分離的焦慮」，他們害怕放手，因為他們不知道沒有對方後，生命會是怎麼樣。

我最小的弟弟去世時，我和他在一起。他突然病情轉差，被送往當地醫院的重症監護病房。在半夜時，醫院的工作人員叫我過去陪他，因為他病情急轉直下，很可能活不過那夜晚。在那個醫院病房裡，我的父母、我的妻子和我，在他臨終時聚集一起陪伴他。他週圍都是愛他、關心他的人。我們和他說話，我們一起禱告，我們握著他的手。在那一刻我想知道：「快死去是甚麼感覺？」儘管週圍有愛他、關心他的人，他還是要一個人死去。他在想甚麼？他有甚麼感覺？這種死亡的經歷是怎麼樣？

作為基督徒，我們有主耶穌的應許：「我永不離開你，也不丟棄你。」我突然清楚體會到，基督在我生命中同在的經歷，不僅是理論的知道；我可以面對自己的死亡而沒有憂慮和恐懼，因為我知道基督在我每天的生活中活著。我能夠認同《詩篇》作者所說：「我雖然行過死蔭的幽谷，也不怕遭害，因為祢與我同在。」（詩23:4）

DAY

7

# SILENCE AND SOLITUDE

在人生中，我們難免在不同的情景被迫要獨處，它可能是疾病、被監禁，甚至死亡；所有這些地方，其他人都無法與我們一起進入。我們如何應對這些情況，取決於我們的準備；學習安靜和獨處是其中操練的準備。

## 練習

1. 處於更長的安靜時間。當你週圍沒有人時，感覺怎樣？你腦海中不斷有哪些思緒？這對你有何啟示？
2. 閱讀《詩篇》23篇。你如何認識作者？當你面對人生的挑戰時，這些經文給你甚麼安慰？
3. 你是怎樣經歷基督的同在？這不僅是個神學概念吧？試詳述。
4. 花點時間想想你自己的死亡。你將如何經歷基督的同在？
5. 寫下你對於死亡的恐懼、焦慮和擔憂。現在寫一個禱文並獻給神。
6. 默想《羅馬書》14章7-8節。「我們沒有一個人為自己活，也沒有一個人為自己死。我們若活著，是為主而活；若死了，是為主而死。所以我們或活或死，總是主的人。」
7. 背誦以下海德堡（Heidelberg Catechism）的問與答：
8. 問：「你在生與死中，惟一的安慰是甚麼？」
9. 答：「我不屬於我自己，無論生死，我的身體和靈魂都屬於我信實的救主耶穌基督。」

## 備註/引用書目

1. Robert Webber, Vickey Tusken, John Witvliet, Jack Schrader. *Renew! Songs and Hymns of Blended Worship*. （Carol Stream: Hope Publishing Company） 1998 pg.10
2. C. S. Lewis www.opusangelorum.org/Formation/Silence and Solitude. pg.3 June 2000
3. Henri Nouwen, *The Way of the Heart* （New York: Ballantine Books） 1981 pg.13-15
4. Henri Nouwen, *Genesee Dairy* （New York: Double Day） 1976 pg. 148
5. John Ortburg, *The Life You Always Wanted* （Grand Rapids: Zondervan） 2003 pg. 82
6. Weavings December 1996 pg.40
7. Henri Nouwen, *In the Name of Jesus* （New Jersey: Crossroads） 1996 pg 18
8. ibid. pg. 22
9. ibid. pg. 38
10. ibid. pg. 39
11. ibid. pg 57-60

## 第二週：敬虔閱讀

《聖經》**在神子民**的屬靈塑造中一直**至關重要，**因為這是神的道，引領和建立我們的生命。

學習《聖經》有許多不同方法，但是有一種追溯至四世紀的古老方法被稱為 "lectio divina"，可以翻譯為「敬虔閱讀」或「神聖閱讀」，今天正被重新發現。

在啟蒙時代，人們非常重視對文本的理解，因此當時使用了批判性的方法論去研究聖經。今天是後現代時期，人們渴望以整全的方式明白《聖經》，許多人都提出這個問題：《聖經》內容如何對我這個人說話？敬虔閱讀是一種默想的方法，能幫助我們在閱讀內容時聆聽神的話。透過這個方法，我們會發現自己更有能力回應神藉著經文對我們所說的話，並更願意將自己和我們的關係獻給神。事實上，敬虔閱讀是一種祈禱的形式。神藉著《聖經》對我們說話，然後我們向神回應。這從傳統先向神說話，然後說

「阿們」結束祈禱轉換過來。我們從來沒有足夠的安靜時間，讓神在我們的生命中說話；更不用說尊敬地讓祂先對我們說話了。

# 程序

敬虔閱讀的程序由四個部分組成，我們從閱讀經文開始，最後以禱告結束。這四個部分是：

## 1. 閱讀 / 聆聽（Lectio）

操練敬虔閱讀，首先是我們在閱讀經文時，操練有聆聽和傾聽神對我們說話的能力。在某些方面，我們就像以利亞聆聽神微小的聲音（王上 19:12）。如果我們想聽神微小的聲音，就必須學會安靜。如果我們一直在說話，或者被噪音和其他干擾包圍，就沒法聽到神的聲音。因此，操練敬虔閱讀要求我們安靜下來，為要聽到神透過經文對我們說話。

一旦你安靜下來，閱讀一小段經文；在讀的時候，聆聽一個引起你注意的字、詞或意念。這與我們大多數人閱讀書籍或報紙時，慣常要吸收大量內容的方式完全不同。敬虔閱讀需要充滿敬意的聆聽，放慢步伐，在安靜中敬畏地傾聽；因為我們正從神那裡尋求，要聽到一句對我們生命情況所說的話。

## 2. 默想（Meditatio）

敬虔閱讀的第二個行動是默想。閱讀經文，聆聽一個字、詞、或短語、或意念對自己個人說話後，我們就默想它。默想不僅簡單地思想一個想法，試想像一位牧者在默想神的話，就像一頭牛在陽光明媚的日子躺在田野，靜靜地咀嚼反芻的畫面；這就與仔細思考神的話非常接近了。

耶穌的母親馬利亞給我們一個默想的例子。耶穌出生後，她和約瑟遇到牧羊人，牧羊人告訴他們，主的使者向他們宣告說：「不要懼怕！我報給你們大喜的信息，是關乎萬民的。因今天在大衛的城裡，為你們生了救主，就是主基督。」（路2:10-11）當牧羊人離開後，我們知道「馬利亞卻把這一切的事存在心裡，反復思想。」（路 2:19）換句話說，她思想了他們所說的話，並琢磨想

著對她的生活、她的嬰孩,以及最終對整個世界的影響。這幅構圖教導我們,默想牽涉到接受神的話,並讓它在我們的思想、盼望和渴求中產生互動。透過默想,我們讓神的道成為祂對我們的說話,那是對我們最深處所說的話。

## 3. 禱告 (Oratio)

敬虔閱讀的第三個行動是祈禱。神透過祂的道向我們說話,我們已經默想祂所說的話,現在我們在禱告中回應神,這強化祈禱是一種對話的概念。神對我們說話,然後我們也向神說話。因為我們身處不同地域和人生不同的階段,每個人獻給神的禱告都不同,神會處理每個人生命中各種的問題。所以你可能感謝神給你有些省察,或者你尋求神的引領,給你一個新的視野;或者你尋求神的寬恕,或者你可按著祂的本性和作為而發出讚美和敬拜。透過敬虔閱讀,我們發現在許多不同的情況下,神發出的話都滿有能力;在這些時刻,我們就以個人的方式向神作回應。

## 4. 沉思 (Contemplatio)

敬虔閱讀的最後一步是沉思。我們只要在神的同在中安息,神用祂的話邀請我們去經歷祂對我們生命的擁抱;在這階段無需任何計劃,你只需靜靜來到神的面前。你已經讀了神的話,祂向你說話,你也因此有默想,並且已回應祂。現在你只要在神面前安息,單單享受祂的同在。很多人認為這是敬虔閱讀最困難做到的階段,我們都不習慣安靜,也不慣於純粹在神裡面安息,我們總要有事做。其實很多人發現,在這個階段人的心思開始散漫。如果有這個情況,只要再閱讀剛才的經文,重新回到神對祢說的字、詞或意念,並繼續默想,然後讓自己來到神面前。

# 操練敬虔閱讀

選擇一個你想默想的內容。有人會讀《聖經》的一卷書,其他人可能用主題式研經。

在開始閱讀內容前,你需要有些安靜時間,確保接著幾分鐘沒有打擾或分心的事。找一個舒服的位置,讓自己靜下來;用一個簡短禱告開始,邀請主向你的生命說話。

翻開你當天選用的經文，慢慢閱讀。大聲誦讀很有幫助，因為這樣不單可以減慢閱讀的速度，還能幫助你理解和欣賞內容的情感語氣。當你讀的時候，聆聽每個字、詞、片語或對你說話的意念。然後靜坐兩或三分鐘。

當一個字或句子浮現在心中，自己反複慢慢唸誦，讓它與你自己的思緒和想法有互動，這樣默想引導你與神進入更深的對話。

在你與神的對話中，就像祂對你說話一樣對祂說話。換句話說，你把默想經歷中發現的東西交給祂；這是你禱告的基礎。容讓你的禱告發自內心深處，小心不要把這種經歷理性化。

最後，你在神裡安息。你進入神的同在，並單純地等候。這是一種存在的狀態，而非行動的狀態，我們只是單純地享受神。

## 操練建議

肯·布阿（Ken Boa）提供一些很有幫助的實用建議，使每個參與敬虔閱讀的人，都能相對輕鬆地完成這四個階段。[1]

### 閱讀/聆聽Lectio

- 選擇一個舒適並且你覺得沒有人打擾的地方。
- 有系統地閱讀。有人會讀一卷書，另一些人會按經文作指引。
- 避免使用研讀版《聖經》，那些註解往往令人分心。
- 不要閱讀長篇的經文。你要慢慢地反複閱讀，讓神的話進入我們的內心深處。
- 謹記在閱讀中，你是尋求「被神的話塑造」，並非「要得到神話語的資訊」。

### 默想Medatio

- 慢慢閱讀經文，切記不要著急。
- 當你默想經文時，盡量嘗試在經文中運用你的五個感官，《聖經》某些內容比較容易用到這個方法。例如《詩篇》第一篇，談到一個人晝夜思想耶和華的律法，並將結果以栽種在水邊的一棵樹作比較，很容易就看見這畫面。

- 有些人認為靈程日記和寫下他們的想法很有幫助。在默想期間，這樣做有兩個好處：首先，這有助你的心思不會遊蕩；其次是日後再回到這段經文，你在再閱讀的過程中看到神對你說了些甚麼。
- 繼續練習默想，這不是一次性的經歷。隨著你愈來愈熟悉這個操練，你會發現有很多好處。

## 禱告Oratio
- 花時間禱告。很多人對讀經很有興趣，但是沒有預留時間禱告。
- 當神透過經文向你說話，你的禱告就是回應神所說的話。因此，禱告因著神的靈在工作而不一樣；禱告可以是認罪，或者感恩、祈求、敬拜。
- 在你的禱告中，要像對一個朋友說話一樣。

## 沉思Contemplatio
- 不要擔心該怎麼做，單單在神面前安息。
- 在沉思中，嘗試回想神對你所說的話，並對自己重複一遍。
- 如果你是一個外向的人，要知道這對你來說有點勉強，要堅持下去。

# 小組閱讀程序
你可以在小組中選擇使用「敬虔閱讀」這個基本大綱，這時可指定一個人為小組閱讀經文，並指示某組員在適當的時間進入下一步。這對新手帶領者來說可能有點困難，但是讀者應該盡量參與。

## 1. 聆聽神的話
1. 自己靜坐數分鐘作準備。
2. 大聲朗讀經文。
3. 聆聽一個引起你注意的單字或短句。
4. 在你心中一遍又一遍唸說。
5. 閱讀後，保持安靜2-3分鐘。

## 2. 提問：「我生命如何被神的話感動？」

1. 再閱讀經文一遍。
2. 讀完後，靜坐並默想這個問題。
3. 安靜2-3分鐘後，全組彼此簡單分享，哪個詞或句子與他們的生命連結。

## 3. 提問：「神要我做甚麼？」

1. 第三遍閱讀經文。
2. 讀完後，靜坐並默想上述問題。
3. 安靜2-3分鐘後，全組彼此扼要分享：你認為神要你做甚麼作回應？

## 4. 彼此為回應神的邀請禱告。

1. 為你身邊的人禱告。
2. 按著神在他們生命中所說的話禱告。

## 5. 在主裡安靜

1. 當每個人都祈禱後，小組進入靜默時間；為了品嘗神的作為並享受祂的同在，克制說話的慾望。
2. 在適當安靜時間後，組長會做結束禱告。

# 練習

本週找機會每天花15-30分鐘有敬虔閱讀，謹記這是重複操練的學習，因此鼓勵你定期有這練習。如果你是獨自進行這練習，以下指引能幫助你。

1. 準備：為這個練習做準備，你要安靜坐著，把這段時間獻給神，邀請主到這裡，透過祂的話顯明自己並讓你認識祂。
2. 閱讀：大聲朗讀經文，聆聽一個字或句子與你產生共鳴，一遍又一遍在心中或大聲說出來。
3. 默想：當一個字或短句引起你的共鳴時，它會在你心中反覆出現。這如何影響你的生命？

4. 祈禱：當神透過經文向你說話，就這樣向祂祈禱，無需修飾，說出你認為神想你向祂說的話，而不是自己心裡的話；坦白直接說出你的心聲。
5. 沉思：當你完成祈禱後，靜坐在神面前，享受祂的同在並安息在祂面前。
6. 日誌：當你完成片刻沉思後，在日誌寫下你想保留任何神對你所說的話以作提醒。當你離開這個地方時，獻上感恩的禱告。

# 神與我同在的確據

## 第一天： 《約翰福音》10章7-15節
今天神對你的生命說了甚麼真理？

## 第二天： 《路加福音》15章1-7節
今天神對你的生命說了甚麼真理

## 第三天： 《腓立比書》1章3-11節
今天神對你的生命說了甚麼真理？

## 第四天： 《以賽亞書》43章1-6節
今天神對你的生命說了甚麼真理？

## 第五天： 《耶利米書》29章11-14節
今天神對你的生命說了甚麼真理？

## 第六天：《詩篇》27篇1-14節
今天神對你的生命說了甚麼真理？

_____

_____

## 第七天：《詩篇》121篇1-8節
今天神對你的生命說了甚麼真理？

_____

_____

在本週結束時，重溫你寫過的所有句子，然後向神寫一個感恩禱告，感謝祂讓你確信你與祂的關係是安全的。

## 禱告

_____

_____

_____

_____

_____

_____

## 備註/引用書目
1. Kenneth Boa, *Conformed to His Image* （Grand Rapids Michigan; Zondervan） 2001 pg.174-183.

## 第三週：經文禱告

# 在禱告裡，我們是尋求與神有更深的關係，好叫我們感到祂一直同在，並敏感於祂在我們生活中的工作。

不管怎樣，有些人總覺得祈禱不單困難，而且是例行公事，有些重複，有時還很無聊。肯.博亞（Ken Boa）說：「禱告的問題加劇，原因是人們常常受制於各種極端的形式而沒有自由，或者相反又過於隨意而沒有規格。第一個極端導致一種死記硬背或非個人化的禱告，第二個極端則產生一種不平衡且缺乏紀律的禱告生活，更可能淪為只是一連串的索求。」[1]

有些人認為祈禱只是對神說話，並背誦一些所謂「公式禱文」來學習祈禱。許多人都記得著名的晚禱：「現在我躺下睡覺，我祈求主保守我的靈魂。如果我醒來前死去，我祈求神接納我的靈魂。」其他那些更有深度和有意義的「公式禱文」，好像耶穌教導的禱文，通常被稱為「主禱文」。此外在不同的祈禱書中，也

有許多有幫助的禱告，這些禱文都是寶貴和有效的祈禱方法，多年來幫助信徒加深他們與神的關係。

但是，如果一個人機械式地以這些禱文祈禱，而很少留意在說甚麼，那麼這些禱告就會變成獨白，而不是與神真誠的對話。在這種情況下，這些禱文已經失去與神有親密的個人經驗，那些曾經有意義的真誠屬靈經歷，現在都是完全脫離生命的禱文。禱告不是對神同在的回應，而只是一個要完成的練習。如果這是我們禱告的意圖，難怪我們的禱告生活是例行公事、重複和無聊。

與「公式禱文」相反是「即興的禱告」。許多人小時候沒有被教導禱告，而是後來才信主；他們藉著經常聽教牧帶領會眾祈禱而學習禱告的規則。如果他們遵循這種模式，只會日復一日重複著相同的祈禱而沒有把它變成自己的禱告，這又會像那些教導用「公式禱文」的人，陷入相似的情況。即興的禱告是基於一個公式，如果你不相信，聽聽他們的祈禱並留意重複使用的短語和術語。「公式禱文」和「即興的禱告」的主要區別，在於「即興的禱告」不是明確、簡潔和深思熟慮。在大多數「即興的禱告」中，另一個似乎較明顯的特點，就是祈禱的人傾向專注祈求；換句話說，就是不斷祈求神滿足我們的需要。事實上這樣沒有錯，《聖經》鼓勵我們這樣做；不過如果這是我們禱告的焦點，就必須知道我們與神的關係中缺少了一些東西。

為了加深我們與神的關係，找到更全面的禱告方式，學習用經文禱告很有幫助。我們開始實踐這個禱告方法前，要明白如果想加深與神的關係，不一定要花很長的時間禱告；當然最後可能會操練成這樣。我們首先要培養一種更加沉思默想的態度，古拉（Gula）說：「藉著經文，我們可以長時間以愛心看神對我們的作為；我們可以注視耶穌，全神貫注他是怎麼樣、他的說話、他的作為、他關心的事情。經文是一個特別的地方，讓我們可以在那裡直接將自己放在主前。如果我們屬靈操練的目標是認識主神、更深地愛神、活在聖靈裡（簡而言之，成為耶穌的門徒）；那麼經文就是我們發自內心的認知，也是個人與神關係成長的一個特別相遇。

在經文裡，我們找到神對我們最深切的渴望；祂對我們的態度，願意與我們相交的心意。《聖經》話語直接表達了神期望與我們

建立愛的關係，並且要我們作出回應。我們對《聖經》話語的回應，就像任何對我們有挑釁性的陳述一樣，如果我們喜歡所聽的，就會以贊同和熱情作回應；如果我們不喜歡，就想停止聆聽，並轉身離開。《聖經》所表達的是永生神的話語，祂想與我們對話。所以我們必須在禱告中把《聖經》看作對我們個人說的話，並要求自己對神的話作出回應。『我聽到主對我說甚麼嗎？』這是我們用經文禱告提出的基本問題。[2]

當我們閱讀經文時需要問：「我是否專心在神面前獻上？」專注需要努力，它不會偶然就有。我們要專心致意，就必須停止聚焦於自己，卻要努力讓對方充份參與。如果你在這個操練遇到困難，嘗試以下練習：聽聽音樂、讀一本書，或去散步觀察大自然。所有這些活動都是專注的行為，當你想到你所讀、所聽或所看到的東西時，你會變得沉思內省。這種默想的態度，就是我們閱讀經文和祈禱所需要的。

用經文禱告是操練使用神的話，作為塑造我們祈禱的基礎，並用神自己的道實踐與祂相交，又為別人代求；這是用神自己的話與祂說話。經文禱告同時強調神的話語和禱告，認識到祈禱是我們與神之間的對話。我們可以閱讀保羅為早期基督徒的一個禱告，把它看為感恩的禱告；或者唱一首讚美詩，或者默想福音書一個以寬恕為重點的故事。這些特定選取的經文，以及每個我們所處的情境，都會影響或構成我們那一刻的禱告。

有時我們覺得沒法找到恰當的言詞表達自己的想法、感受或情感，但是當我們用經文祈禱時，我們能藉著神的話語來陳明。當我們讓神的話表達自己的禱告，就能宣告內心深處的渴望和想法。

每天起床迎接一天和晚上準備休息時，耶穌和所有敬虔的猶太人一樣，都會用「示瑪」（Shema）禱文：「以色列啊，你要聽，耶和華我們神是獨一的主，你要盡心、盡性、盡力愛耶和華你的神。」（申6:4-5）祂每次在會堂開始講道時，都會背誦這個祈禱文。除了這個祈禱外，耶穌還經常以《詩篇》祈禱。當祂在十字架上快死時，祂以小時候學過的禱文祈禱；不過在這種情況下卻別具新意義：「我的神，我的神，為甚麼離棄我？為甚麼遠離不救我？…」（詩22:1）

《聖經》中記錄了許多祈禱的例子。亞伯拉罕的僕人為主人的兒子以撒尋找合適的妻子時祈禱:「耶和華我主人亞伯拉罕的神啊,求祢施恩給我的主人亞伯拉罕,使我今日遇見好機會。我現今站在井旁,城內居民的女子們正出來打水。我對哪一個女子說:『請你放下水瓶來,給我水喝。』她若說:『請喝,我也給你的駱駝喝。』願那女子就作祢所預定給你僕人以撒的妻子。這樣,我便知道你施恩給我主人了。」(創24:12-14)

當尼希米聽說耶路撒冷城已成廢墟,他坐下來哭泣、哀悼和祈禱:「求祢紀念所吩咐祢僕人摩西的話說:『你們若犯罪,我就把你們分散在萬民中; 但你們若歸向我,謹守遵行我的誡命,你們被趕散的人,雖在天涯,我也必從那裡將他們招聚回來,帶到我所選擇立為我名的居所。』這都是祢的僕人、祢的百姓,就是祢用大力和大能的手所救贖的。 主啊,求祢側耳聽祢僕人的祈禱,和喜愛敬畏祢名眾僕人的祈禱,使祢僕人現今亨通,在王面前蒙恩。」(尼 1:8-11)

使徒保羅禱告,祈求以弗所的基督徒都知道並經歷在基督裡所擁有的一切:「因此,我在父面前屈膝(天上地上的各家,都是從祂得名),求祂按著祂豐盛的榮耀,藉著祂的靈,叫你們心裡的力量剛強起來。使基督因你們的信,住在你們心裡,叫你們的愛心有根有基,能以和眾聖徒一同明白基督的愛是何等長闊高深,並知道這愛是過於人所能測度的,便叫神一切所充滿的,充滿了你們。神能照著運行在我們心裡的大力,充充足足地成就一切,超過我們所求所想的。但願祂在教會中,並在基督耶穌裡,得著榮耀,直到世世代代,永永遠遠。阿們!」(弗3:14-21)

當我們讀到這些祈禱時,我們便深入瞭解祈禱者的生命。除此之外,因為我們有所認同,也可以將這些祈禱變成自己的。例如,我們可能為信仰群體的信心禱告,這些祈禱可能只是:「主啊,我求祢祝福他們今天一切所作的。」老實說,這個祈禱確是平凡老套。像保羅為以弗所教會所作的禱告是多麼豐富。我們可以套用他的禱告(弗3:14-19):「主啊,願這些人都知道祢對他們全然的大愛,這超出我們能力完全理解那是甚麼一回事,但是我們知道這份愛可以在我們的生命中經歷到。知道祢是誰,祢能做什麼,我們充滿信心地生活,因為我們知道祢能做到這一切。阿們。」

我們如此用經文禱告。

## 經文禱告實用指南

1. 閱讀經文：

在你開始這個過程時，慢慢地大聲朗讀經文。當你這樣做時，你會發現自己不會讀得太快，也不容易分心；而且您會發現您在閱讀時更能意識到經文中所表達的情感。不要急於速讀，要思考吸引你注意的單字、短句或意念，並聆聽神如何藉著經文內容對你說話。

讀完經文後，從記憶中寫下似乎對你說話的單字、短句或意念。試探索這些話對你有甚麼意義，以及神可能對你的世界、你的生命和你自己要說的話。

2. 你可以選擇用自己的話重寫這一段。當神向你說話，你又向祂回應時，這可以成為你禱告的一部分。

3. 有時你會得到很大的啟示，有時又似乎甚麼都沒有。請謹記這不是你要試圖 "完成" 的練習；這裡是一個尋找神的地方。你可能需要多次回到某個段落，直到那個信息能深入你的生命為止。

## 練習

下面的練習主要讓你用 7 天的時間體驗經文禱告，每一天會專注特定類型的禱告。

# 第一天：詩篇禱告

**DAY 1**

今天我們將專注用詩篇禱告。詩篇是祈禱的絕佳資源，因為這涵蓋人生各種境況，以及我們因生活經歷而有的心情；偶爾有深刻的哀傷，有時會喜悅地歡呼。

詩篇也是用來頌唱。當我們唱詩時，我們的情感會被喚醒；不過有些人習慣於控制情緒，可能這就感覺是個挑戰。聖奧古斯丁（St. Augustine）說：「唱詩的人是祈禱兩次（he who sings prays twice）。」換言之，我們不僅透過詩歌表達字詞，而且當我們頌唱時，我們的情感也被深深激盪著。

1. 閱讀《詩篇》 23篇。慢慢閱讀這段經文，細細品味對你說話的字詞或短語。
   耶和華是我的牧者，我必不致缺乏。
   祂使我躺臥在青草地上，
   領我在可安歇的水邊。
   祂使我的靈魂甦醒，
   為自己的名引導我走義路。
   我雖然行過死蔭的幽谷，也不怕遭害；
   因為祢與我同在，
   祢的杖、祢的竿都安慰我。
   在我敵人面前，祢為我擺設筵席；
   祢用油膏了我的頭，使我的福杯滿溢。
   我一生一世必有恩惠、慈愛隨著我，
   我且要住在耶和華的殿中，直到永遠。

2. 列出你認為這《詩篇》一些重要的圖像。為甚麼它們在你生命中如此強烈？神可能對你說些甚麼？
3. 大聲唱出這首詩，有不同曲調的讚美詩能讓你唱頌這段經文。唱詩時，你有甚麼感受？
4. 用這《詩篇》向神禱告，用你熟悉的語言並盡量避免陳腔濫調。

## 第二天：報復

DAY

2

還有另一種類型，大多數人都不願意的祈禱，就是一種講到報復或報仇，被稱為詛咒的《詩篇》。

「耶和華啊，求祢起來！
我的神啊，求祢救我！
因為祢打了我一切仇敵的腮骨，
敲碎了惡人的牙齒。」（詩3:7）

當我們讀到這些經文時，大多數人都會汗顏。我們並不是從來沒有報復的念頭，但是作為耶穌的跟隨者，這又似乎不是我們應該

有的態度。至少我們必須承認，這些《詩篇》是真實的，因為它們描繪了我們面對不公義經歷時的感受。事實上，人們一些最強烈的情緒，就是復仇和以牙還牙。當我們受迫害或傷痛時，我們想「扯平」。當我們用《詩篇》禱告，例如用《詩篇》3篇7節肯定有些益處。布魯格曼（Bruggemann）說：「我們以這種方式祈禱無疑是一種宣洩，這有助於『使這些最強烈的憤怒元素合理化並得到肯定』。」[3]

當你用這些《詩篇》祈禱時，務必要明白報復的說話是交托給神。布魯格曼說：「當報仇被交托給神時，說話的人就相對不會受到復仇的力量捆綁；他帶著所有的傷害和喜悅，確定自己是神所創造，承認自己屬於神的國度，並且能夠向神表達對苦毒的看法。」[4]

《聖經》教導報應是屬於神的事，而不是我們。使徒保羅寫道：「親愛的弟兄，不要自己伸冤，寧可讓步，聽憑主怒。因為經上記著，主說：『伸冤在我，我必報應。』」（羅12:19）《希伯來書》的作者宣稱：「因為我們知道誰說：『伸冤在我，我必報應。』又說：『主要審判祂的百姓。』」（來10:30）即使我們想要報復，但是想到這一點，我們就永遠不必這樣做。不過，只有當我們誠實地用這些《詩篇》祈禱，才能達到釋放情緒的地步，並體驗神醫治的恩典，然後才能真誠地「愛我們的仇敵，為那些逼迫我們的人禱告。」（太5:43-48）

《詩篇》第5, 6, 11, 12, 35, 37, 40, 52, 54, 56, 58, 69, 79, 83, 109, 137, 139和143篇，都是咒詛詩。

1. 選擇以上其中一首《詩篇》，並大聲朗讀。
2. 當你閱讀時，注意內心冒起的情緒。你如何察覺這與生活中某些經歷有關？是否有一些記憶湧現在你的意識中？
3. 慢慢用這《詩篇》向神祈禱。當你這樣做，向祂呈獻你所經歷的傷害，你意識到報復不是自己的選項。你必須選擇將任何報復行為交給神。
4. 閱讀《羅馬書》12章14-21節。
5. 寫下你自己的詛咒《詩篇》。
6. 表達這種禱告有甚麼感覺？你從神那裡學到甚麼？你自己、你的敵人？
7. 你如何將這類型祈禱詩與寬恕的概念結合起來？

DAY

3

## 第三天：默想

默想是一種極佳的方式將神的話語應用到生活中。在東方宗教裡，冥想是得到覺悟的一個方法。基督教的默想植根於《聖經》，主要用來沉思和反省神的道。事實上，《聖經》命令我們要默想。詩人宣告：「惟喜愛耶和華的律法，晝夜思想，這人便為有福。」（詩1:2）神告訴約書亞：「這律法書不可離開你的口，總要晝夜思想，好使你謹守遵行這書上所寫的一切話。如此你的道路就可以亨通，凡事順利。」（書1:8）

許多年前，佐治.穆勒（George Muller）寫過關於默想的重要文章：「現在我認識到最重要的事，就是自己要專心閱讀和默想神的話，這樣我的心才能得到安慰、鼓勵、溫暖、警誡、指導。因此，藉著神的話語，在默想的同時，我的心靈可以被帶進與主契合的經驗中……。現在甚麼是一個人心靈裡的食物？不是禱告，而是神的話；我再說一次，不是簡單閱讀神的話，而是將我們所讀的內容反覆琢磨，並把它應用在我們心裡，就好像水流過管道，進入我們的心靈。」[5]

譚和格雷（Tan & Gregg）將默想定義為：「以這種方式沉思經文段落，使書面上神的道成為活生生神的話，讓聖靈在我們心中運行…。默想是藉著言語文字，在內心或生命深處進行思考的過程；所默想的真理從心到口（低聲喃喃）、到意念（反省思考），最後到心（外在行動）。默想的人要尋求知道如何將《聖經》真理與生活聯繫起來。」[6]

默想幫助我們盡可能使用五種感官進入經文的故事裡。藉著這個過程，我們成為積極的參與者，而不是被動的旁觀者。有人反對這種方法，因為這是非常主觀性，並且也可能被撒但欺騙；這是真的，所以操練時必須謹慎。不管怎樣，耶穌在教導時也使用了聯想，例如他講一個農夫出去撒種的故事，有些種子落在堅硬的土壤上，有些落在淺土，有些在雜草中；有些則落在肥沃的土地裡。讀者很容易看到耶穌嘗試傳達的信息，你可以想像這個故事，可以聞到大地的氣味，感受到陽光照耀在你身上的強度。當我們默想《聖經》，並用自己的感官試圖完全理解神的話時，我們需要祈求神讓我們的想像力和理性都分別為聖，好叫我們能掌握祂所說的真理。

## 默想指引

### 預備

在一個安靜的環境中放鬆。對於某些人來說，這可能是屋裡一個特別的房間，或者坐在公園，或者在教會的禮堂裡休息。無論你選擇在甚麼地方，都需要舒適而不會讓你分心。

注意你的身體。你是緊張、焦慮還是放鬆？你是否從喘不過氣的活動過來？你的身體告訴你甚麼？如果你感到疲倦，那就很難進入默想，因為你會睡著。

有人認為播放一些安靜的背景音樂很有幫助，不過這不應該讓你分心，而是有助「集中」和「專注」。

1. 你在神面前安靜坐下開始默想，注意神與你同在。如果你的思緒交雜，或充滿各種擔憂或痛苦的思念，都全交給神。讓祂把祂的平安進入你的生命。
2. 從祈禱開始：祈求神同在、教導、保護你免受欺騙，並引導你完成這個默想。
3. 挑選一個故事，多讀幾遍，讓你對故事有一定的瞭解。若是可行，試想像你正閱讀的內容。當你閱讀圖畫故事書，那正發生了甚麼？你可能發覺自己代入其中一個角色。若是這樣，嘗試探索你的感受和經歷。
4. 閱讀《以賽亞書》 53章1-12節。
5. 寫下你從神那裡聽到的話，或者你從這個默想中學到的東西。
6. 默想後，將這段經文作為你祈禱的基礎。寫下你的禱告，完成後再讀。你是否發現甚麼重要的真理？
7. 當你結束默想時，嘗試在當天多次重溫，看看神如何用祂的話，對你那天遇到的情境說話。
8. 在這個默想過程中，謹記不能匆忙。

**DAY 4**

# 第四天：代求

我們大部分的禱告和《聖經》中所寫的禱告，都是基於代禱和祈求。我們仔細探究這些經文，深入瞭解《聖經》作者所提出的祈求，這些祈禱的例子鼓勵我們也向神懇求。

這個練習我們不只是閱讀禱文，也要將它情景化，以至成為自己的禱告。

你在今天的祈禱中，可以從幾個不同的經文選擇一個，所選的內容也許取決於你的情況，例如你可能碰到特定的問題，要尋求深入瞭解或答案。

- 祈求安全（創32:9-12）
- 祈求孩子（撒上 1:9-18）
- 求神醫治（可9:17-24）
- 教會合一（羅15:5-6）
- 祝福禱告（民 6:22-27）
- 尋求智慧（代下 1:7-13）
- 祝福後裔（代上17:16-27）

1. 閱讀所選經文。
2. 以你自己的景況代入這段經文。
3. 用這些內容向神禱告。

## 《和平之子》

使我作祢和平之子，
在憎恨之處播下祢的愛；
在傷痕之處播下祢寬恕，
在懷疑之處播下信心。
使我作祢和平之子，
在絕望之處播下祢盼望；
在幽暗之處播下祢光明，
在憂愁之處播下祢歡愉。
哦，主啊！使我少為自己求；
少求被瞭解，但求瞭解人；少求愛，但求全心付出愛。

少求愛，但求全心付出愛；少求受安慰，但求安慰人。
使我作祢和平之子，在赦免時我們便蒙赦免；
在捨去時我們便有所得，在死亡時便進入永生。
（聖法蘭西斯Francis of Assisi）

## 尋求方向

主耶穌基督，祢是世界的光；
當我們在黑暗中，照亮我們的生命。
在我們昏暗無定 —
　　　　　當我們不知道該怎樣做，難以做決定時；
　　　　　求主賜下真光帶領我們。
在我們漆黑焦慮 —
　　　　　當我們擔心未來會發生甚麼，不知該轉向何方；
　　　　　求主賜下祢平安的光輝。
在我們灰沉絕望 —
　　　　　當我們覺得生命看似空虛，沒有意義繼續下去；
　　　　　求主賜我們祢希望之光。
　　　　　阿們！（選自當代禱文）

# 第五天：公義與憐憫

公義與憐憫是神兩個很重要的屬性。當我們想到公義這個詞語
時，有些人看到的影像可能是嚴肅的法官和莊嚴的陪審團。其實
還有平衡的概念，好像公義女神蒙著雙眼，手持天秤，根據法律
不偏不倚有所要求而有所衡量。公義被認為是對人不偏不倚，高
於任何特別的訴求。故此，我們期待神作為審判者，末日祂必按
照自己的律例，將善與惡分開。

另一方面，當我們想到憐憫時，我們會想到餵飽飢餓的人、照顧
病患，或受到委屈時給予寬恕等行為。在福音書中，我們看到耶
穌對人表現憐憫的許多例子，這不僅在祂所說的話，而且在祂所
做的事情上。

《聖經》對公義的理解來自以色列與神的經歷。在這個關係中，
他們得知神的公義極其寬厚。從亞伯蘭蒙召到以色列人在埃及得
釋放，進入應許地，以色列對神的賜予沒有任何訴求或權利。然
而，神的公義彰顯了主的偉大和仁慈。

DAY
5

當我們經歷了神的寬厚，我們就會彼此慷慨。當我們遇到有需要或受苦的人，我們要盡所能幫助他們。我們這樣做，便履行神的公義和憐憫。

由於罪，這種對公義與憐憫的要求並不能時常實現。在舊約中，神興起先知向人們宣告要行公義、好憐憫。阿摩司以此作為他傳講的焦點，他宣稱如果公義憐憫的要求被忽視，就無法與神建立良好的關係。

以賽亞告訴人們，即使他們有合宜的敬拜和向神獻祭；但是他們若待人欠缺公允，他們的供物都不會被接納。

我們在新約中看到公義和憐憫連結一起。當我們去愛，去為別人設想時，就是前所未有地實踐公義的時候。使徒保羅說，除了愛的債，我們沒有任何虧欠。當我們在此時此地回應我們鄰居的需要時，愛和公義就融合在一起。對於耶穌的跟隨者，這是一種屬靈的根基。

「世人哪！
　　耶和華已指示你何為善。
　　祂向你所要的是甚麼呢？
　　只要你行公義、好憐憫、存謙卑的心，
　　與你的神同行。」（彌6:8）

先知呼喚我們去察看和聆聽自己經常錯過的事物。有些時候，我們對現今的需要和問題漠不關心。彌迦和所有其他的先知一樣，關心我們是否落入宗教的陷阱，欠缺一顆反映神心腸的心懷；三個詞語脫穎而出：公義、善良、謙虛。花些時間自我省察，看看這是否你生活的現狀。

## 練習
閱讀《以賽亞書》58章。注意真正屬靈禁食的要求。

花些時間作個人自省。查問自己有關屬靈生命的尖銳性問題。我向別人展示了甚麼程度的公義和憐憫？我關心貧窮和被邊緣化的人嗎？我要如何真實地表明這些？

用以下禱告結束：

主啊，
開我們的眼睛，讓我們看到別人的需要；
開我們的耳朵，聽到他們的呼喊；
開我們的心靈，讓我們感受他們的痛苦和喜悅。
讓我們不懼怕強權的憤怒和勢力，
悍衛那受壓迫、貧窮、無權力的人；
求祢指示我們哪裡需要愛、希望和信心，
並使用我們帶它們到那些地方。
打開我們的耳朵和眼睛，打開我們的心靈和生命；
讓我們在未來的日子，能與祢一起為公義與和平努力。阿們。
（反貧窮主日禱告，澳洲 Micah Challenge）

感謝主賜下耶穌，
祂來 要尋找和拯救失喪的人。
釋放被囚的人，餵飽飢餓的人，
撫摸醫治患病的，愛那不被愛的，
在不公義中大聲疾呼，在死亡裡給予生命。
主啊，幫助我們，像祢兒子耶穌一樣，
看祂所看，行祂所行。
我們為這些事懇求祢幫助。
阿們。
（為公義禱告 www.cuf.org.uk）

天父，祢凡事信實、真誠、公義
求祢教我們選擇正直，起來抗衡邪惡；
教導我們喜愛公義和憐憫，並反對壓迫和剝削；
提醒我們，
如果對哪些事情漠不關心，
求聖靈賜下能力，
讓我們有勇氣並決心，
按祢旨意行祢所行。

DAY
6

我們信靠祢，因為祢是主，
祢的慈愛永遠長存。
阿們。
（為公義禱告 www.cuf.org.uk）

## 第六天：頌讚

頌讚是向神表達讚美的詩歌。《聖經》中有許多讚美詩的例子，原因很簡單，人們相信一切現存和發生的事，目的都是要將目光對準神。自四世紀以來，最常見的頌讚詩被稱為《榮耀頌》（Gloria Patri）或《小榮耀頌》（Lesser Doxology），都在頌讀《詩篇》後獻上，宣頌：「願榮耀歸於聖父、聖子和聖靈；從起初、現在、直到永遠。阿們。」

在四世紀後期，增加了《大榮耀頌》（Greater Doxology）或《榮耀歸主頌》（Gloria in Excelsis）。這讚美的描述取自《路加福音》2章14節：「在至高之處榮耀歸於神，在地上平安歸與他所喜悅的人。」當這個讚美詩納入拉丁彌撒時，是在敬拜開始時唱頌。宗教改革家仿效早期教會，他們頌唱一首《三一頌》結束崇拜。我們今天最熟悉的頌讚詩是：

### 《三一頌》

「讚美真神萬福之根，地上萬民都當頌揚。
　天使天軍讚美主名，
　　　　讚美聖父、聖子、聖靈。阿們。」

### 經文頌歌

「我心尊主為大，我靈以神我的救主為樂。」（路1:46-47）

「深哉，神豐富的智慧和知識！

　　　　祂的判斷何其難測！
　　　　祂的蹤跡何其難尋！
　　　　誰知道主的心？誰作過他的謀士呢？
　　　　誰是先給了他，使他後來償還呢？

因為萬有都是本於祂、倚靠祂、歸於祂。
願榮耀歸給祂，直到永遠。
阿們！」（羅11:33-36）

「但願尊貴榮耀歸於那不能朽壞、不能看見、永世的君王，獨一的神，直到永永遠遠！阿們。」（提前1:17）

「到了日期，那可稱頌、獨有權能的萬王之王、萬主之主，就是那獨一不死，住在人不能靠近的光裡，是人未曾看見，也是不能看見的，要將祂顯明出來。但願尊貴和永遠的權能都歸給祂！阿們。」（提前6:15-16）

「那能保守你們不失腳，叫你們無瑕無疵、歡歡喜喜站在祂榮耀之前的我們的救主獨一的神。願榮耀、威嚴、能力、權柄，因我們的主耶穌基督歸於祂，從萬古以前並現今，直到永永遠遠！阿門。（猶24-25）

「那誠實作見證的、從死裡首先復活，為世上君王元首的耶穌基督，有恩惠、平安歸於你們！祂愛我們，用自己的血使我們脫離罪惡，又使我們成為國民，作祂父神的祭司。但願榮耀、權能歸給祂，直到永永遠遠！阿們。」（啟1:5-6）

「聖哉、聖哉、聖哉，主神是昔在、今在、以後永在的全能者！」（啟4:8）

「我們的主，我們的神，祢是配得榮耀、尊貴、權柄的，因為祢創造了萬物，並且萬物是因祢的旨意被創造而有的。」（啟4:11）

「阿們！頌讚、榮耀、智慧、感謝、尊貴、權柄、大力都歸於我們的神，直到永永遠遠！阿們。」（啟7:12）

## 練習

1. 閱讀《羅馬書》第11章。當你讀到這一章的結尾，你會注意到哪個讚頌就是保羅一直想表達的高峰？

2. 今天從上列選出一首頌讚詩，並多讀幾遍。你從這次操練中學到甚麼？在日誌中寫下你的回應。

3. 頌讚如何增進你與神的關係？

## 第七天：祝禱與祝福

DAY

7

在《聖經》中，時常提到個人或群體有祝福或祈求神賜福的禱告。在祝福禱告時，那人不單是背誦熟悉的語句，而是祈求神的恩惠臨到接受者身上。

當雅各臨終時，他聚集兒子們在身邊，向每一個人有恰當的祝福（創49:28）。在以色列民族進入應許地之前，摩西向全會眾祝福，雖然這是個普遍的祝福，但他用了這些話作結：「以色列啊，你是有福的！誰像你這蒙耶和華所拯救的百姓呢？祂是你的盾牌，幫助你，是你威榮的刀劍。你的仇敵必投降你，你必踏在他們的高處。」（申33:29）

有幾個關於會眾得到屬靈領袖祝福的記載。當約櫃返回錫安時，大衛「奉萬軍之耶和華的名給民祝福」（撒下6:18）；還有一次是利未祭司在逾越節期間祝福百姓（代下30:27）。

祝福的拉丁文字根意思是「說好話」。從某個意義來說，祝福在我們日常生活中是非常普遍。聽到人們說：「祝你有美好的一天！」或「要有希望啊！」都並不罕見。當我們道別時，可能有「願神與你同在！」的祝福。不過世俗的祝福「撐住！不要放棄！」則暗示受祝福的人要有行動，就好像那個人要對結果負責。《聖經》中的祝福是信仰的宣告：祂擁有主權，並對結果負責。祝福語有「主祝福你！」或「願神的平安臨到你！」這都是恩惠的表達。神賜福我們，我們不能賜福自己；因此當我們為別人祝福時，是代表神行事，向他們保證神為他們工作。

在《聖經》中有許多祝福的經文，鼓勵你學習並為到個人或會眾祝福。當你這樣做時，你就是為他們祈求神最好的祝福。

「願耶和華賜福給你，保護你！

願耶和華使祂的臉光照你，賜恩給你！
願耶和華向你仰臉，賜你平安！
阿們」（民6:24-26）

這個祝福包含五方面，能幫助我們明白祝福的組成部分，並神會
做甚麼。

1. 祝福和保守（眷顧和保護）
2. 祂的臉光照他們（悅納）
3. 有恩典（慈愛和憐憫）
4. 把臉轉向他們（表示祂的讚許）
5. 賜你平安（內心的安寧）

「 神所賜出人意外的平安，
　　　　必在基督耶穌裡，
　　　　保守你們的心懷意念。」（腓4:7）


　　　　全能上帝的祝福，
　　　　聖父、聖子與聖靈，
　　　　常與你們同在。
　　　　阿們。

「 願賜平安的神，
　　　　親自使你們全然成聖，
　　　　又願你們的靈與魂
　　　　與身子得蒙保守，
　　　　在我們主耶穌基督降臨的時候，
　　　　完全無可指摘。
　　　　阿們。」（帖前5:23）

「但願使人有盼望的神，
　　　　因信將諸般的喜樂、平安
　　　　充滿你們的心，
　　　　使你們藉著聖靈的能力大有盼望。
　　　　阿們。」（羅15:13）

「但願賜平安的神，
　　　　就是那憑永約之血使群羊的大牧人我主耶穌從死裡復
　　　　活的神，
　　　　在各樣善事上成全你們，
　　　　叫你們遵行祂的旨意，
　　　　又藉著耶穌基督
　　　　在你們心裡行祂所喜悅的事。
　　　　願榮耀歸給祂，直到永永遠遠！
　　　　阿們。」（來13:20-21）

「那能保守你們不失腳，
　　　　叫你們無瑕無疵、
　　　　歡歡喜喜站在祂榮耀之前的，
　　　　我們的救主獨一的神，
　　　　願榮耀、威嚴、能力、權柄，
　　　　因我們的主耶穌基督歸於祂，
　　　　從萬古以前並現今，
　　　　直到永永遠遠！阿們。」（猶24-25）

## 練習

1. 背誦《民數記》6章24-26節亞倫的祝福。
2. 每天禱告結束時，花點時間默想你在《聖經》中發現的一個祝福。這個祝福在當天如何向你的生命說話？
3. 本週找機會為別人祝福，也許是你一位家人或你教會的肢體。
4. 你可以怎樣將一些「世俗的祝福」（祝你有美好一天！堅持下去！）都變成基督徒的祝福？找機會在日常生活中使用這些祝福。

## 備註/引用書目：

1. Ken Boa, *Handbook to Prayer*（Atlanta Georgia: Trinity House Publishing Co.）1993. Pg.1
2. Richard Gula, Spirituality Today Winter 1984, vol. 36, No.4, pp. 292-306
3. Bruggemann Walter *Praying the Psalms*（Winona Minn: St Mary's Press）1993. pg.59
4. ibid., pg 60
5. Siang-Yang Tan, Douglas H. Gregg. *Disciplines of the Holy Spirit*（Grand Rapids Michigan: Zondervan）1997, pg. 86
6. ibid. pg.86.

## 第四週：認罪

認罪是一種**屬靈操練，** 這是建基於一個事實：我們得罪了神，我們需要**祂的赦免。**

在後現代文化裡，有些人不願意想到罪，更不用說提起了；甚至會指責基督徒對罪很執著。約翰.斯托得（John Stott）宣稱基督徒確實談論罪，他說我們實際上是經常談論它。為甚麼我們要這樣做？他說：「我們這樣做的理由很簡單，因為我們是現實主義者。罪就是一個醜陋的事實，不應該被忽視或嘲諷，而是要誠實地面對。基督教的確是世界上惟一能認真面對罪，並提供令人滿意的補救方法的宗教。要享受這種補救方法是認罪，而不是否認。」[1]

馬斯·鄧楠（Maxie Dunnam）說：「《聖經》是見證神心中主要的渴望：就是寬恕的渴望。」[2]

# CONFESSION

正如《詩篇》51篇所記載的禱告，我們看到詩人大衛在他生命中有這樣的經歷。

「 神啊，求祢按祢的慈愛憐恤我，
　　按祢豐盛的慈悲塗抹我的過犯！
　　求祢將我的罪孽洗除淨盡，
　　並潔除我的罪！

　　因為我知道我的過犯，
　　我的罪常在我面前。
　　我向祢犯罪，惟獨得罪了祢，
　　在祢眼前行了這惡；
　　以致祢責備我的時候顯為公義，
　　判斷我的時候顯為清正。
　　我是在罪孽裡生的，
　　在我母親懷胎的時候就有了罪。
　　祢所喜愛的是內裡誠實，
　　祢在我隱密處必使我得智慧。

　　求祢用牛膝草潔淨我，我就乾淨；
　　求祢洗滌我，我就比雪更白。
　　求祢使我得聽歡喜快樂的聲音，
　　使祢所壓傷的骨頭可以踴躍。
　　求祢掩面不看我的罪，塗抹我一切的罪孽。

　　神啊，求祢為我造清潔的心，
　　使我裡面重新有正直的靈。
　　不要丟棄我，使我離開祢的面，
　　不要從我收回祢的聖靈。
　　求祢使我仍得救恩之樂，
　　賜我樂意的靈扶持我。 」（詩51:1-12）

以色列王大衛蓄意要與別人的妻子拔示巴發生關係，他為了掩飾自己的罪行，將她的丈夫烏利亞置於戰場中最危險的衝鋒地帶，然後叫軍隊撤退到安全的地方，留下他一個必死無疑。當事成之後，大衛在拔示巴守喪不久後就娶了她，繼續若無其事地生活。

然而，即使我們有時認為神審判和公義的輪子運行緩慢，但是它仍在推動著。最後大衛在先知拿單的指責下，他坦然承認自己的罪惡，並懇求神的憐憫和寬恕。《詩篇》51篇就是認罪的禱告。

我們也許不會像大衛那樣貪婪、偷竊、姦淫和謀殺；但是我們有自己需要對付的罪。我們達不到自己的要求和神的標準，但是祂是寬恕的神。

當使徒開始傳道時，他們向那些悔改相信的人宣告主的赦免。彼得在所羅門廊下向聚集的人群宣講：「所以你們當悔改歸正，使你們的罪得以塗抹；這樣，那安舒的日子就必從主面前來到。」（徒 3:19）我們的罪可以得到赦免，因為基督在十字架上「擔當了我們的罪」。當我們來到基督前承認自己是罪人，需要神的救恩和憐憫，我們就可以因信耶穌基督，從罪的刑罰中釋放出來。因為基督已為我們的罪付了代價，我們不再受到審判和定罪。使徒保羅寫道：「如今，那些在基督耶穌裡的就不定罪了。因為賜生命聖靈的律，在基督耶穌裡釋放了我，使我脫離罪和死的律了。」（羅8:1-2）

如果我們希望自己的罪得赦免，就必須承認自己有罪。約翰寫道：「我們若說自己無罪，便是自欺，真理不在我們心裡了。我們若認自己的罪，神是信實的，是公義的，必要赦免我們的罪，洗淨我們一切的不義。」（約壹 1:8-9）這裡很清楚說明，神赦免我們的罪，先決條件是我們要承認自己有罪；這就是為甚麼我們不能輕看罪，也不能否認自己所做的。如果我們希望與神重新恢復關係，就必須在神面前誠實透明。

尋求寬恕只是旅程的開始，我們餘生都是一個過程，因此設法為基督而活，變得愈來愈像祂。不管怎樣，這個與神的新關係並非沒有挑戰。我們有時會抵擋神，有時與試探爭鬥，有時也會屈服於誘惑。我們大多數人對使徒保羅的話都有共鳴：「既然如此，那良善的是叫我死嗎？斷乎不是。叫我死的乃是罪，但罪藉著那良善的叫我死，就顯出真是罪，叫罪因著誡命更顯出是惡極了…因為我所做的，我自己不明白。我所願意的，我並不做。我所恨惡的，我倒去做。」（羅 7:13, 15）

# CONFESSION

因為在現實生活中，我們就是做自己不想做的事，而不是做我們想做的事；我們與神的關係，也因此受到負面的影響。隨著我們與神的關係不斷成長，更深認識祂，我們開始意識到作神兒女的呼召，與做祂忠誠追隨者的行為之間，頗有距離或缺口。我們知道自己有破壞性的思想、態度和行為，又在神面前感到不舒服；事實上是感到內疚。

許多人不明白罪疚的本質，因此儘管實際上他們並沒有犯錯，他們依然感到內疚。從《聖經》的角度來看，罪疚是一種狀態或情況，當我違反神的律法時，我就犯了罪，我就是有罪的。在《詩篇》51 篇，大衛知道自己有罪，因為他違背了神的律法，他貪心、偷竊、姦淫，置一個無辜的人於死地，因此他說道：「在祢眼前行了這惡。」（詩 51:4）

在我們的文化裡，內疚經常被描繪為一種感覺。人們說：「我感到內疚。」這是一個主觀的說法。我們需要區分真正或虛假的內疚。故此，我們只需要問一個問題：「我是否違背神的律法？」如果答案是肯定，那麼我需要承認自己的罪，並信靠基督犧牲的救贖和寬恕。如果答案是否定，我需要承認這是錯誤的內疚。有些人的良心非常敏感，他們處理虛假內疚的最好方法，就是對神的恩典和寬恕的教導有清楚明白的認識。我們也該留意，罪疚感也可能來自仇敵的攻擊。當撒但以虛假的罪疚擊打我們，是試圖要摧毀我們。當我們面對真正的罪疚，神會向我們指明祂的憐憫和恩典，為要我們與祂的關係復和，並且我們在「聖潔的信心」中可以建立起來。

## 練習
以下練習讓你在 7 天時間裡操練《聖經》禱告，並且每天專注於一種特定類型的禱告。

# 第一天：認罪

1. 閱讀《詩篇》32篇。

    a. 快樂的源頭是甚麼？

_____

_____

    b. 你會如何描述這個人正在經歷的掙扎？

_____

_____

    c. 神怎樣對待這個人？

_____

_____

    d. 認罪的結果是甚麼？

_____

_____

2. 花時間反思自己的生活。你是否察覺神和你之間有任何隔閡？
　 把它寫在你的日誌裡。

3. 將上述所寫作為向神認罪的禱告，結束時，感謝神對你的憐憫
　 和恩慈。

4. 不要停留於過去，舊事已過，要在神的恩典中前進。

5. 你可以選擇下面的認罪禱告，並時常使用。

## 認罪禱告

極仁慈的上帝，

我承認我得罪了祢：

在我的思想、言語和行動，

以及我所做和尚未完成的事。

我沒有全心全意愛祢，
我沒有愛鄰舍如同愛自己。
我感到非常抱歉，我謙卑地懺悔。

藉著祢兒子耶穌基督，
求祢憐憫我、赦免我，
好叫我喜悅祢的旨意，
行祢的道，榮耀祢的名。
阿們。
（改編自《公禱書》）

## 悔改

悔改和認罪是緊密相連，但我提議認罪先於悔改。悔改這個字的意思是「改變心意」，要做到這一點，他們必須首先表明或承認做錯了甚麼，然後做出必要並適切的改變。有些人認為悔改能證明一個人的認罪，因為如果我們在生活上沒有改變，那只不過是口頭上的認罪。

在《聖經》中，我們看到悔改的行為緊隨認罪。當保羅在以弗所城傳道時，許多人信了主耶穌基督，公開承認自己所作的一些惡行。其中一些人是行邪術的，當他們被聖靈責備這是錯誤的時候，他們帶來那些書卷並公開燒毀。我們得知這些書卷有五萬塊錢的價值，一塊錢相等於一天的工資。藉著這樣公開的悔改行動，主的道得以廣傳（徒19:18-20）。

當我們內心盼望生命有所改變並更像基督，悔改的行動是最有效的。我們只要將生命獻給主，聖靈就給予我們改變的能力。

## 悔改指南：

道格拉斯·朗福德（Douglas Rumford）建議以下三個行為悔改的步驟。[3]

## 選擇棄絕罪行

一個悔改的人會刻意斷絕慣常性的習慣和行為，這可以透過一個簡單而非常有力的祈禱做到，他可以這樣祈禱：「我奉主耶穌基督的名，承認並棄絕（填寫特定的罪）的罪。我宣告我不再渴望參與這些思想、言語或行為，我倚靠聖靈的恩典和靈裡的力量得以自由，使我能夠效法耶穌基督的樣式。」

## 選擇一個榮耀神、尊重別人和自己的更新行為。

回想耶穌的比喻，警誡悔改不要半途而廢。祂講述被趕出的惡靈又回到"房子"（那個人）。牠離開了，只見那房子打掃乾淨，收拾整齊；只是裡面沒有任何保護房子和抵抗邪靈的能力，所以牠帶著另外七個比自己更惡的靈回來。「那人末後的景況比先前更不好了。」（路11:26）與罪分離還是不夠，我們必須抓住神才安全！

## 讓自己可問責

我們需要靠賴其他人的支援和問責，選擇一個人或一個可以信賴的小組，深信所選擇的人會關心和愛我們，並渴望我們的靈命有所成長和進步。無論我們選擇誰，都要知道我們不能「單打獨鬥」。

## 練習

# 第二天：悔改禱告

1. 以約翰.衛斯理（John Wesley）為領導的問責小組，提出下面的問題。你會如何回應這些問題呢？

    a. 自從我們上次見面後，你犯了甚麼罪？
    b. 你遇到甚麼試探？
    c. 你是如何從那個試探得到拯救？
    d. 你說了甚麼、想了甚麼或做了甚麼，你是否猶豫這是犯罪？
    e. 你有沒有想掩藏的？[4]

2. 花些時間回顧你的生命，祈求神顯明你生活中任何罪惡和需要改變的地方；寫在你的日誌裡。

DAY

2

3. 你會採取哪些步驟去達到改變？請具體說明。
4. 你會要求自己對某些人問責，以便有人能與你一起交談、祈禱，向你提出尖銳的問題？
5. 慢慢閱讀聖方濟各的祈禱文。

## 悔改的喜樂

憐憫的天父，
祢為一個罪人悔改，
比99個不需要悔改的義人更高興。
我們現在聽到這些故事也十分歡喜：
牧人把找到的迷羊，放在他的肩膀上帶回；
婦人放回丟失的銀幣到庫房，鄰居和她一起慶祝；
當讀到小兒子死而復生，失而復得的故事，
這喜樂在祢家帶來歡樂的淚水。
祢為我們和天使歡欣，
因祢聖潔的愛而成聖；
祢確實總是一樣，祢行事恆久不改變；
祢曉得萬事不會永存，不會一成不變。[5]

## 良心省察

自省和認罪是相輔相成的，因為這過程幫助我們清晰地理解自己在神和他人面前的身份。認罪是必要的，因罪使我們與神隔絕。以賽亞宣告：「但你們的罪孽使你們與神隔絕，你們的罪惡使祂掩面不聽你們。」（賽 59:2）然而，罪並不必然使我們與神隔絕。約翰宣稱：「我們若認自己的罪，神是信實的，是公義的，必要赦免我們的罪，洗淨我們一切的不義。」（約壹1:9）這個審慎表達的操練稱為「良心省察」或「省察禱告」。

詩人說：「耶和華啊，祢已鑒察我、認識我。」（詩139:1）大衛說：「耶和華鑑察眾人的心，知道一切心思意念。」（代上28:9）使徒保羅提醒我們：「因為聖靈參透萬事，就是神深奧的事也參透了。」（林前 2:10）既然神對我們有深入而透徹的認識，我們就不必自我掩藏，這一點至關重要。當我們對自己開放和誠實，才能看清自己的本相，並尋求適當的改變；藉著聖靈的幫助，我們將成為神所期望的樣子。

省察的禱告是一個審視或反思個人生命的方法，有了這種生活方式，你不會容讓自己的日子流逝，而在這過程中，你會發現如何更完全愛神和事奉祂。這個祈禱方法涉及的時間不多，通常只對過去24小時的事件作回憶和反省。

這種祈禱形式是許多年前由聖伊納爵（St. Ignatius）所發展出來，幫助人們更進入神同在的體驗，並發現祂在我們日常生活中彰顯祂自己的不同方式。他鼓勵人們更敏銳地探索自己內心最深的感受和渴望，稱那些幫助我們與神連結的感覺為「安慰」，而那些讓我們與神分離的感覺則為「遺棄」。當回想自己的一天時，我是否意識到更接近神，抑或感到已經遠離神？伊納爵相信神會透過這些感受和渴望說話，不過首先我必須覺察自己正經歷甚麼，並尋求了解發生了甚麼事情。

省察禱告非常靈活，可簡單地用作日常生活的一部分。有些人每天騰出兩段短時間來做這個祈禱，但是大多數人發現在睡前騰出十分鐘來反思他們一天的生活很有幫助。

當你開始這個祈禱時，重要是花時間安靜下來，找一個你不會被打擾的地方，舒服放鬆地坐著。請謹記，你將要與耶穌進行深入而親密的對話。

省察祈禱有五個步驟，可以很容易遵循。當你建立了這種祈禱方式的習慣，你將學會最適合自己的方法。

## 基本步驟

### 第一步：回想神的同在
「我們生活、動作、存留，都在乎祂。」（徒17:28）

每一天都充滿各種各樣的事件和經歷，有些日子很輕鬆，另一些日子卻很緊張；有些日子很有效率，另一些日子則充滿挑戰；在這一切的中心，神是同在的。因此，學會放慢腳步，反思神同在很重要。從神學上，我們明白神時常同在，但在祈禱中，我們以專注的態度將自己放在主前。父神以最深的愛去愛你、關心你；

藉著耶穌基督，你知道自己對神的重要和價值，聖靈引導你進入所有真理，使你能更全面認識神。因此開始這個禱告時，求神先向你啟示祂自己。

## 第二步：求聖靈幫助你

「只等真理的聖靈來了，祂要引導你們明白一切的真理。」（約16:13）

當你回顧自己的一天，祈求聖靈給你敏銳的洞察力，能夠看到神在你生命中的各樣作為。聖靈以既不拆毀，也不譴責的方式，讓你自由地察看自己的生活；有人覺得這對自己是個嚴厲要求的時刻。其實這是一個機會，讓你看到自己如何回應神在當天給你的恩典；祈求在反思這些事情時能有所學習和成長。若是這樣，你將更深認識自己並與神的關係。

## 第三步：帶著感恩回顧一天

「你們要稱謝耶和華，因祂本為善，祂的慈愛永遠長存。」（詩136:1）

首先向神感恩，感謝祂當天所賜的一切。有人從醒來那一刻開始，回想昨天發生的事情。那天發生了甚麼？想起了甚麼事？這樣做不是要自我批判，而是要察驗自己的生命。下面的問題可能對你這部分的禱告有幫助。

- 這是美好或糟糕的一天？
- 這一天有甚麼特別的事情發生？一個美麗的日落捕捉了記憶？讓你心動的一首歌？一個傷害你心靈的批判？
- 你遇到哪些人？那是怎樣的經歷？
- 你對這些經歷有怎樣的感受？

這步驟的一個關鍵要素是在面對一天的過程中，能察覺到自己的感受。如果你感到深刻的平安和安慰，你會覺得與神更親近。然而，如果你感到困擾和不安，就要探索這些感受的來源，以及它

怎樣讓你遠離神。細察所有這些因素，看看你是如何被感動並向神獻上感恩。

## 第四步：回顧你的一天

「你們總要自己省察有信心沒有，也要自己試驗。豈不知你們若不是可棄絕的，就有耶穌基督在你們心裡嗎？」（林後13:5）

這是禱告操練最長的部分。回想當天發生的事，看看自己的回應。你會發現自己的心思有時是分割的，在幫助和忽視、傾聽和不理會、批評和鼓勵之間搖擺不定。這不是要你落入自己失敗的時刻，而是讓你看看自己如何回應神所賜的恩典和機會。這正是察看你在所做的一切事上，如何積極尋求神的同在，以及這對你有甚麼影響的時候。

你在哪裡愛過？你是否自由地對待他人，沒有任何隱藏的動機，只是單純想要「在他們身邊」？

你是否有一些習慣，總是在特定情況下自然而然地出現？這些習慣對人際關係是有幫助還是造成阻礙呢？

我在何處失敗了？

這些簡單的問題，幫助你更加專注將基督帶入你生活的每個場景和情況中。 你可能會發現一些想改變的事情，但似乎缺乏意志力去做到。這 時就是你要向神祈求，讓你藉著聖靈的力量，被改變成為神渴望你成為的人。

## 第五步：復和與立志

「泥在窯匠的手中怎樣，你們在我的手中也怎樣。」（耶18:6）

省察禱告最後一個步驟，是與主坦誠、開放、透明地交談。在最初的兩個步驟，你懷著感恩的心回想自己的一天。在第三和第四

# CONFESSION

個步驟，你在反省自己的行為時，祈求神的引導。到了這個步驟，你被引導向神尋求寬恕的方向；或者單單對主一切的作為表示感謝，感謝神讓你與祂的關係向前。如果生命中有些需要悔改的地方，謹記主願意讓你經歷醫治和寬恕的恩典。當你承認自己接受了神的恩典和憐憫，你能以不同的方式立志向前邁進。保羅用這些話來表達：「若有人在基督裡，他就是新造的人；舊事已過，都變成新的了。」（林前 5:17）

## 練習

為了熟悉這個祈禱的概念，每天晚上練習省察的祈禱，並使用以下句子幫助表達你的祈禱。

今天我很感恩是：

a.
b.
c.
d.
e.

今天於……，我看見神的同在。

當……，我覺得與神分離。

我要接受…..

我希望明天做…..

我向神的禱告是….

嘗試一週用這種形式祈禱。在一週結束時，如果你發覺這個操練有幫助，可以考慮一個月都做這個禱告操練。

## 指引：

1. 每天為這個禱告預留10分鐘，選擇適合你的時間，但是避免令你感到昏昏欲睡或疲倦的時間。
2. 選擇一個安靜又不會被打擾的地方。
3. 舒適地坐在椅上，雙腳著地。安坐幾分鐘，深呼吸，讓壓力或疲勞逐漸消散。
4. 現在開始回想你的一天，慢慢思考上面的主題或問題。伊納爵（Ignatius of Loyola）專注兩個主題：第一個是安慰（更親近神），第二個是遺棄（遠離神）。
5. 鼓勵你在每日的禱告日誌中，寫下這樣的禱告。

**在本週的其他日子，你不妨使用省察禱告，專注以聖靈果子做主題，幫助你更與神親近。**

# 第三天：仁愛

# 第四天：喜樂

# 第五天：和平

# 第六天：忍耐

# 第七天：恩慈

## 備註/參考書目：

1. John Stott, *Confess Your Sins* （（London; Hodder and Stoughton Limited）1964 pg 1.
2. Maxie Dunnam, *The Workbook on the Spiritual Disciplines* （Nashville: The Upper Room）1984 pg. 65
3. Douglas Rumford, *Soul Shaping* （Wheaton: Tyndale Press）1996 pg. 145
4. Michael Henderson, John Wesley's *Class Meetings: A Model for Making Disciples* （Evangel Publishing House）1997 pg 118-119
5. Paula Clifford, *Praying with St. Augustine* （London: Triangle Press）1984 pg.92

# 第五週：哀傷禱告

我們的人生**不都是**
**充滿**著**歡樂、幸**
**福和力量。**

我們曉得破碎和痛苦、冷漠和困惑、懷疑和沒有神同在；當我們感到被神離棄時，很容易認同耶穌在十字架上離世前所說的話：「我的神，我的神，為甚麼離棄我？」（詩22:1）這就是哀傷的禱告！

哀傷是我們對生命經歷痛苦和掙扎的一種反應，我們發現其中一個有哀慟言辭的地方是《詩篇》。艾倫德（Allender）說：「許多詩歌反映屬神子民的掙扎，在神應許保守護祐的光中，明白他們生活的滄桑風雨。當他們的軍隊在戰爭中被摧毀，他們會怎樣對待神的應許？他們如何信靠神應許說：『耶和華是我的避難所，你已將至高者當你的居所，禍患必不臨到你，災害也不挨近你的帳棚。』（詩91:9-10）過去和現在的生命歷煉，似乎讓我們產生懷疑而不是安心交托。《詩篇》以直白和深刻的情感，處理了這種應許與現實的落差。」[1]

有時哀傷是痛苦的呼喊。那個人苦苦思索：為甚麼事情會這麼痛苦地發生，為甚麼神又容許這樣發生。

「耶和華萬軍之神啊，祢向祢百姓的禱告發怒，要到幾時呢？祢以眼淚當食物給他們吃，又多量出眼淚給他們喝。祢使鄰邦因我們紛爭，我們的仇敵彼此戲笑。」（詩80:4-6）

當詩人痛苦地向神呼喊時，我們發現在痛苦的背後有很多憤怒。在我們的文化裡，許多人已經學會掩飾自己的情緒，一方面經常忽視哀傷；另外在某些情況下，也不容許表達任何憤怒。我們只好接受命運，內心卻充滿憤怒。這種做法對《聖經》作者來說是陌生的。詩人宣告說：

「祢使我們當做快要被吃的羊，把我們分散在列邦中。祢賣了祢的子民也不賺利，所得的價值並不加添祢的資財。祢使我們受鄰國的羞辱，被四圍的人嗤笑譏刺…
這都臨到我們身上，我們卻沒有忘記祢，也沒有違背祢的約。我們的心沒有退後，我們的腳也沒有偏離祢的路。祢在野狗之處壓傷我們，用死蔭遮蔽我們。倘若我們忘了神的名，或向別神舉手，神豈不鑒察這事嗎？因為祂曉得人心裡的隱秘。我們為祢的緣故終日被殺，人看我們如將宰的羊。
主啊，求祢睡醒！為何盡睡呢？求祢興起，不要永遠丟棄我們！祢為何掩面，不顧我們所遭的苦難和所受的欺壓？我們的性命，伏於塵土，我們的肚腹，緊貼地面。求祢起來幫助我們，憑祢的慈愛救贖我們！」
（詩44:11-13, 17-26）

哀傷的哭號也表露了迷茫。有時作者正尋找不會出現的答案。

「我要向神發聲呼求，我向神發聲，祂必留心聽我。
我在患難之日尋求主，
我在夜間不住地舉手禱告，我的心不肯受安慰。
我想念神，就煩躁不安；我沉吟悲傷，心便發昏。
祢叫我不能閉眼，我煩亂不安，甚至不能說話。
我追想古時之日，上古之年。
我想起我夜間的歌曲，捫心自問，
我心裡也仔細省察：難道主要永遠丟棄我，不再施恩嗎？
難道祂的慈愛永遠窮盡，祂的應許世世廢棄嗎？
難道神忘記開恩，因發怒就止住祂的慈悲嗎？」
（詩77:1-9）

許多基督徒對這些直白的感情覺得不舒服，認為用這種方式去表達不妥當。但我們的感受是真實而且揮之不去，所以否認或壓抑這些感受都是不健康。當我們把這些情緒交給神，哀傷就是一種建設性的方式去處理情緒。韋斯特曼（Westermann）說：「哀傷的功用是為危機、傷痛、悲傷或絕望提供一個框架，使敬拜的人從傷心到喜樂、從黑暗到光明、從絕望到希望。」[2]

教會很少使用哀傷的詩歌，那是因為我們不習慣接納生命的消極面。布魯格曼（Brueggemann）認為哀傷的詩章確實是一種無畏的信心行為，因為「它堅持世界必須如實體驗，不是以某種形式假裝⋯ 這是勇敢堅持所有這些無秩序的經歷，都是與神對話的適當課題；沒有甚麼越界、被拒或不合宜，一切都屬於這場心靈對話中。若在對話中隱瞞生命的一部分，實際上就是將生活的一部分排除在神的主權之外。」[3]

然後他作結論：「這些詩篇讓我們認識生命險惡的真相，帶領我們進到神面前，那裡一切都不會客氣或簡單。」[4]

哀傷的禱告可以是個人的，也可以是集體的。認識到《詩篇》是神子民的讚美詩集，這有兩個含義：首先這是在群體環境中表達，其次是配以音樂。不認識這些元素，便會失去《詩篇》的重點。同樣這對許多人來說有點不安，因為我們的集體敬拜通常充滿慶祝的氛圍；即使我們處於痛苦和動蕩中，也會試圖忽視正在發生的事，至少在一起敬拜時假裝很快樂。

此外，哀歌是用小調唱頌，幾乎沒有慶祝的意味。當我們一起聚集進行群體敬拜時，大多數人都不願意進入別人的痛苦中。邁克.卡德（Michael Card）說：「如果我們不去分擔別人的哀痛，我們之間的連結就切斷了。如果你我要深入互相瞭解，不僅要彼此分享自己的傷痛、憤怒和失望（我們經常這樣做）；我們也必須在神面前一起哀傷，因為祂在聆聽，被我們的眼淚所感動⋯⋯。我願意介入那個人的痛苦程度，就表示我對那個人的愛和委身程度。如果我對你的傷痛不感興趣，那麼我真的對你毫無興趣。」[5]

當我們細察哀傷的詩篇時，我們會體驗和表達各種情感。除了《詩篇》第 88 篇，每一首哀歌都以讚美結束。若從禱告的角度看，意義非常明確：我們一旦表達了哀傷，醫治也就開始。為了使用

**63**

這些詩篇祈禱和清楚表達自己的哀傷，明白這些祈禱的簡單基本結構很有幫助。布魯格曼擬定了一個大綱，將哀歌分為兩個主要部分：懇求和讚美。[6]

## 懇求

- 作者從抱怨開始，向神說明情況很嚴重。這可能是講述疾病、孤單、被囚；但是更多是談論到死亡。
- 向神呼求，求祂顯明憐憫或帶來公義，因為祂有能力這樣做。
- 為了催促神有所行動，作者通常還提出理由讓神採取行動。其中一些原因是這個人是無辜，需要平反；或者如果那人有罪，他或她已經悔改了。最後基於神有祂的權能、地位或尊榮的事實而向神呼喊。

## 讚美

詩篇這一部分不同之處，在於出現了一個實質性的變化；情況不再一樣，危急和絕望變成喜悅和感恩，從懇求轉移到讚美。

- 首先有被聆聽的肯定。
- 其次是還願。人遇到危難時，承諾神若拯救他便會立誓。現在他信守諾言，是一種忠誠的表現。
- 最後是讚美。先前他埋怨神，現在看神是寬宏和信實。

這些基本結構提醒我們，哀傷的祈禱有一個過程。這也提醒人們，讚美不會很快到來。

以下的操練著眼於人們在生活中經歷的獨特挑戰，有不同方面的哀傷；可能你會認同其中一些。

練習

# 第一天：集體哀傷的詩篇

集體哀傷的詩篇通常由危機引起，整個社群被招聚一起祈禱尋求神的面。他們有時會有一些儀式，例如：禁食、禁慾、披上麻布，用灰燼和灰塵灑在頭上，作為悲傷的標記。所有這些都是集體哀傷紀念活動的一部分。

危機可能是入侵的軍隊，或者一場蝗災。無論是甚麼危機，整個社群都受到影響，以至他們聚集在一起向神呼求。

## 閱讀《詩篇》80篇

這首詩篇表達了以色列民對國家滅亡的深切悲痛。

a. 你會如何描述這個哀求？
b. 第 4-7 節的哀歎是甚麼？
c. 第 8-11 節描述神在過去曾為這些人做了甚麼？
d. 在12-13節，哀求的人質問為甚麼？這是否被視為評擊神？
e. 最後第 18-19 節決定仍要對神忠誠。一個人怎能轉到這個決定？

想想你所屬的社群，這可能是你的家人、你的教會或你的國家。寫一篇集體哀傷的禱文，表達你對社區的關注。

# 第二天：個人哀傷的詩篇

個人的哀傷不同於集體的哀痛，個人的麻煩也不同於群體的煩惱；那是個人的事。例如，撒母耳的母親哈拿極其盼望想要一個孩子，但是她無法懷孕；悲傷淹沒了她，生活似乎無法忍受。每年她和丈夫及家族們一起去示羅敬拜和向主獻祭，但是我們得知哈拿心中沒有喜樂。

「哈拿心裡愁苦，就痛痛哭泣，祈禱耶和華，許願說：『萬軍之耶和華啊，祢若垂顧婢女的苦情，眷念不忘婢女，賜我一個兒子，我必使他終身歸與耶和華，不用剃頭刀剃他的頭。』」（撒上1:10-11）

DAY 1

DAY 2

在這個故事裡，我們看到一個人的哀傷，她急需向神表達自己的悲傷和痛苦。

## 閱讀《詩篇》13篇

這首詩講述一個人面對的生活情況，以及他得出最後結論前所提出的許多問題。

    a. 哪四個問題是甚麼？
    b. 從這四個問題，顯示這個人的生活是怎麼樣？
    c. 哀傷之後是懇求。用你自己的話表達這個懇求。
    d.《詩篇》第5節有一個明顯變化，這變化是甚麼？
    e.《詩篇》以讚美結束，你如何解釋這一點？
    f. 你是否看見哀傷詩歌的模式？你能用自己的話講出基本步驟嗎？

反思自己的生活。如果你正經歷一段艱難時期，請根據布魯格曼描述的格式，寫一篇哀傷禱文。

## DAY 3

# 第三天：約伯的哀傷

除了《詩篇》，還可以找到許多其他哀傷的祈禱。以下的練習能讓你有機會探究一些祈禱，並發現人們處於困苦時，如何向神陳明他們的擔憂。

當我們想到有人經歷過很大的痛苦時，我們會立即想到約伯。這個人擁有一切，卻又失去了一切。在這個過程中，他做了一個了不起的聲明：「難道我們從神手裡得福，不也受禍嗎？」（伯2:10）很多人都想知道，一個人怎可以在生命那個地步仍然能夠說：「無論我發生甚麼事，我都會選擇信靠神。」

## 閱讀《約伯記》第三章

    a. 你在這段經文中發現了哪些抱怨的內容？
    b. 你能聽到約伯聲音中的痛苦嗎？你會如何辨別它？
    c. 約伯離咒詛神還有多遠？約伯哪一句話幾乎侵犯了神的智慧、能力和良善？

如果你能一口氣讀完《約伯記》全卷書，看看第 40-41 章神提出的問題，你會如何回答？

## 第四天：耶利米的哀傷（上）

DAY

4

耶利米有時被稱為「哭泣的先知」，神給他一個艱難的任務，在他幼年時，神就呼召他成為先知。「我未將你造在腹中，我已曉得你；你未出母胎，我已分別你為聖；我已派你作列國的先知。」（耶1:5）

在他事奉的早期，神就告誡他生活並不容易。

「所以你當束腰，起來將我所吩咐你的一切話告訴他們；不要因他們驚惶，免得我使你在他們面前驚惶。看哪，我今日使你成為堅城、鐵柱、銅牆，與全地和猶大的君王、首領、祭司，並地上的眾民反對。他們要攻擊你，卻不能勝你；因為我與你同在，要拯救你。」（耶1:17-19）

當耶利米開始他的事工時，神的信息就應驗。人們對他的話充耳不聞，心也剛硬。他遭到公開的羞辱和屈辱。人們侮辱他、毆打他，把他扔進乾涸的水池，讓他等死。

耶利米遠遠不只是沮喪，他以直接的方式告訴神自己的感受。正是透過他哀傷的哭號，耶利米對神、對自己與神的關係都有了全新的認識。

a. 閱讀《耶利米書》 20章7-18節。鼓勵你大聲朗讀這個禱告，因為這會幫助你體會耶利米所感受的深刻情緒。多讀禱告幾次，讓自己身歷耶利米的境地。
b. 他對神提出哪些指控？
c. 這個禱告有甚麼張力？你認為耶利米已變得苦澀嗎？
d. 注意第 11-13 節禱告的轉變，這裡發生了甚麼？為甚麼耶利米詛咒自己的生日？（14節）
e. 祈禱結束時沒有任何解決方案，神沒有回答他。你認為他從神那裡得到任何安慰嗎？
f. 回想神賜給你的事工及自己的呼召。你是否遇過任何挫折、困難或挑戰？事情的發展與你的預期完全不一樣嗎？寫下你向神哀傷的禱告。

DAY
5

## 第五天：耶利米的哀傷（下）

我們先前查考過耶利米的呼召，得知他 40 年來所經歷的挫敗。在他傳道期間，人們離棄神，拒絕聽他預言性的警誡。最終耶路撒冷城被圍困，城內的人死於飢餓和疾病，城外的人則被巴比倫人殺戮。

按猶太和基督教傳統，認為耶利米是《耶利米哀歌》的作者，他對耶路撒冷城的毀滅和人民的淒涼表露了悲痛。耶利米公開宣告人們所做的都背棄神，神就允許這些災難發生。但是耶利米仍然希望神會憐憫這個肆意妄為的國家。

a. 閱讀《耶利米哀歌》，從與人民一起哀悼的角度看，嘗試找出作者想要傳達的內容。你可以用傳統的「默想」（lectio divina）方式閱讀本課。
b. 背誦《耶利米哀歌》 3章20-21節。
c. 以下的詩歌在過去和現在都一直激勵神的子民。當你閱讀/唱這些詩歌時，試探索它們如何影響你今天的生命。

### 《主愛必堅固》[7]

神愛滔滔活水匆匆湧流，
神愛無限，憐憫沒變遷；
永遠都不會動搖，
始終不轉變，
恩主的信實似高天，
深恩廣闊萬里。
（《讚之歌》2, 13。中譯：凌東成）

### 《祢的信實廣大》

1.祢信實何廣大，我神我天父，在祢永遠，沒有轉動影兒；
永不改變，父神每天施憐憫，無始無終上主，施恩不盡。

2.春夏秋冬四季，有栽種收成，日月星辰，時刻運轉不停；
宇宙萬物，都見證造物主宰，述說天父豐盛，信實慈愛。

3. 你赦免我罪過，賜永遠安寧，祢常與我同在，安慰引領；
求賜今天力量，明天的盼望，從天降下恩典，福樂無窮。
（副歌）祢的信實廣大，祢的信實廣大，
清晨復清晨，更經歷新恩；
我所需用祢恩手豐富預備，
祢的信實廣大，顯在我身。
（《生命聖詩》#18）

# 第六天：為兒子哀傷（大衛）

DAY
6

大衛被許多人視為以色列民族最偉大的領袖，被耶和華稱為「合神心意的人」；他卻在家庭生活中經歷了許多悲傷和痛苦。他的一個孩子暗嫩，愛上了妹妹他瑪並隨後污辱了她。當大衛知道這事發生後，我們知道他很憤怒，但是甚麼也沒有做。他瑪的哥哥押沙龍勃然大怒，一怒之下密謀殺害了暗嫩。這事件導致大衛和押沙龍之間產生裂痕，押沙龍後來還想篡奪父親的王位。最終二人的軍隊在戰場上相遇，押沙龍折損了兩萬大軍，騎著一匹快騾逃離戰場，他的長髮被低矮的樹枝繞住，懸掛在半空。大衛軍隊的元帥約押得知押沙龍的困境後，他不理會大衛說要善待押沙龍的命令，跑到他被吊的現場殺了他。

大衛在等待戰爭的消息，當他聽到兒子的死訊時悲痛欲絕。他的心毫無喜樂，心碎地喊道：「我兒押沙龍啊！我兒，我兒押沙龍啊！我恨不得替你死，押沙龍啊！我兒，我兒！」（撒下18:33）

那些與子女有問題、或家中一直有糾紛和痛苦的人，他們會在某程度上認同大衛的痛苦，並理解他哀慟的苦楚。

a. 閱讀《詩篇》63 篇。這首《詩篇》是押沙龍企圖篡奪父親王位時，大衛逃避押沙龍時所寫。
b. 嘗試代入大衛與他兒子的鬥爭，你認為他正在經歷甚麼？
c. 閱讀《撒母耳記下》18章，第33節探討一個父親經歷喪子之痛，其實早在這件事發生前，這對父子之間的關係就已經斷絕。寫下你的想法。
d. 如果你有破裂的關係，似乎無法修復；寫下你痛苦和悲傷的祈禱。
e. 如果你失去某位親近的人，請閱讀詩歌《悄然歸家》。

### 《悄然歸家》 [9]

悄然歸家，生命勤工到終結。
你的人生，來到盡頭；
歸回塵土，息勞苦上奮戰。
母腹中編織，被主揀選塑造。
如今聞召聲，聽主喚你名。
悄然歸回，悄然歸回，默然前行。
悄然歸家，生命與基督同埋。
主為你生，十架犧牲、復活；
在祂國度，按應許家園早備。
待他日顯彰，分享主寶座。
悄然歸回，悄然歸回，默然前行。

悄然歸家，請寬恕若曾得罪。
安息主懷中，如今樂無窮，
被你生觸動，因此失落哀慟。
此生不見，將不能與前同。
悄然歸回，悄然歸回，默然前行。
悄然歸家，披戴榮光可欽羨，
為你生命深深稱謝上主。
你深信基督，必因你再駕臨，
如今讚美主，必信守應許。
悄然歸回，悄然歸回，默然前行。
（安息禮選詩，中譯：譚靜芝）

## 第七天：耶穌的哀傷

《聖經》告訴我們，耶穌深知道悲傷和掙扎。以賽亞這樣描述祂的生命。

「祂在耶和華面前生長如嫩芽，像根出於乾地。祂無佳形美容，我們看見祂的時候，也無美貌使我們羨慕祂。祂被藐視，被人厭棄；多受痛苦，常經憂患。祂被藐視，好像被人掩面不看的一樣；我們也不尊重祂。」（賽53:2-4）

在耶穌三年的傳道中，祂經歷了誤解、拒絕，甚至被人們仇恨。當祂來到自己的故鄉，無法在那裡做偉大的工作，因為那裡的人

不信祂。那個時代的宗教權貴感到受威脅，試圖在每個場合都破壞祂的事工，而且還要把祂殺害。

耶穌事工的頂峰是在十字架上，祂自己在那裡擔當了世人的罪孽，這行為意味著祂不僅受到神的審判，還會被神離棄。耶穌降服來到這地步絕非易事，祂在客西馬尼園整夜為這決定而痛苦，直到祂能說：「不是照我的意思，乃是照祢的旨意。」

當祂的生命即將結束時，耶穌喊出大聲的哀號，那是祂從小就被教導的祈禱：「我的神，我的神，為甚麼離棄我！」

## 閱讀《詩篇》22篇

a. 花些時間反思你的生命，記下任何被遺棄的經歷。請注意《詩篇》22 篇任何特別向你說話的經文。

b. 今天為被遺棄的人祈禱：難民、離家出走的兒童、流浪者、囚犯、癡呆症患者、老人、窮人。

c. 這一天，想想你可以怎樣向那些感到被遺棄的人提供一個簡單的善行。

## 備註/引用書目：

1. Dan Allender, The Hidden Hope of Lament www.leaderu.com/marshill.1994 pg.2
2. Claus Westermann, *The Psalms: Structure, Content and Message* （Minneapolis: Augsburg Publishing House） 1980 pg. 4
3. Walter Brueggemann, *The Message of the Psalms* （Minneapolis: Augsburg Publishing House） 1984 pg. 52
4. ibid. pg 53
5. Michael Card, *A Sacred Sorrow* （Colorado Springs: Nav. Press） 2005 pg.29
6. Brueggemann op.cit., pg. 54-57
7. Robert Webber, Vicky Tusken, John Witvleit, Jack Schrader, *Renew! Songs and Hymns for Blended Worship* （Carol Stream: Hope Publishing House） 1998 pg. 23
8. ibid. pg. 249
9. John L. Bell, Graham Maule, *When Grief is Raw* （Glasgow: Wild Goose Publications） 1997 pg. 74

## 第六週：懇求禱告

「我愛耶和華，因為**祂聽了我的聲音、我的懇求。**因為祂留心聽我的懇求，我一生一世要求告祂。」
（詩116:1-2）

有人認為懇求或代求的禱告，只是將一張「購物清單」的需要帶給神，並希望和期待著祂會滿足我們的要求；因此有些人貶低談論祈求的禱告。與此相反，安東尼.布魯（Anthony Bloom）卻說：

「人們似乎認為祈求是最低層次的禱告，然後是感恩、再然後是讚美。事實上，感恩和讚美才是較低的關係表達。在我們信心不足，唱讚美詩或感謝神，對比起用信心去信靠神的祈求更容易。即使是半信半疑的人，他們也會在好事臨到時轉向感謝神，每個人在興高采烈時都可以向神歌唱；但是能擁有這樣堅定的信心，

全心全意去求問就困難得多。任何人都不應該對祈求有所質疑，因為能否說出祈求的禱告，是我們對信仰的真實考驗。」[1]

我們發覺有時自己為別人祈禱：我們的家人、朋友、同事或我們的信仰群體，擺在我們面前的事項既多且複雜，從健康問題、財務困難、孩子問題，到信仰危機。《聖經》中最早一個懇求禱告，是族長亞伯拉罕為他住在所多瑪城的侄兒羅得和他的家人代求，那是神將要毀滅的地方（創 18:16-33）。

摩西一生都在為以色列子民祈禱。有一次，以色列人在曠野漂流時，造了一頭金牛犢並敬拜它。神對這偶像敬拜很憤怒，以至想除滅他們。摩西懇求神憐憫：「於是耶和華後悔，不把所說的禍降與祂的百姓。」（出32:14）

在彼得被囚時，早期教會為他代禱。當彼得獲釋，他們非常驚訝（徒 12 章）。我們知道他去了約翰馬可的母親家，發現「許多人聚集為他得釋放祈禱」。如果沒有這個信仰群體的祈禱，彼得能否從監獄中獲得自由呢？我們當然無法確定，但是路加顯然看到這兩個事件之間的聯繫；因為他將懇切祈禱記錄在他對這個神蹟的描述。

使徒保羅為腓立比教會的一個祈求禱告是這樣：「我所禱告的，就是要你們的愛心，在知識和各樣見識上多而又多，使你們能分別是非，作誠實無過的人，直到基督的日子；並靠著耶穌基督結滿了仁義的果子，叫榮耀稱讚歸與神。」（腓 1:9-11）

最偉大的代禱者，也許就是主耶穌基督。福音書記載了幾個耶穌為別人的祈禱，例如他祈禱彼得不要屈服於惡者，卻要保持對主的堅定委身（路22:32）。耶穌為那些釘祂十架的人禱告：「父啊，赦免他們！因為他們所做的，他們不曉得。」（路23:34）當祂在世上時為祂的跟隨者禱告，我們在《約翰福音》讀到：「我不但為這些人祈求，也為那些因他們的話信我的人祈求，使他們都合而為一。正如你父在我裡面，我在你裡面，使他們也在我們裡面，叫世人可以信祢差了我來。」（約17:20-21）

令人鼓舞的是，教會認識到這種由主耶穌代求的事工仍在進行中。格倫茨（Grenz）說：「這個代禱的工作並沒有在祂死後便結束。相反地，復活的主已經升天『到了父神的右邊』，在那裡為信主的人向天父代求（約壹 2:1），祂為自己的信徒代求（羅 8:34）。事實上，代求是新約《聖經》描述祂在世上寄居結束後，惟一繼續有的工作。」（來 7:25）[2]

當我們為人代禱時，需要瞭解這種祈禱的一些基本要素。格倫茨形容代求是：「為神所愛的受造物，按照神的旨意和目的，並抓著要釋放神的心意和能力去行事。」[3] 他明白懇求禱告涉及這樣的一個事實，就是神願意為祂的受造物做事；因為祂愛我們，祂是無所不能，能夠滿足我們遇到的任何情況。不過在某些情形下，直到我們意識到必須要仰賴神的地步之前，神是不會有所行動。如果我們認為自己可以獨自處理人生，就不會尋求神的幫助了。

祈求禱告不僅表達我們仰望神，也表明我們對神的「旨意和能力作為」有信心。縱觀新約，我們看到信心的果效。當耶穌回到祂的家鄉，開始在會堂裡教訓和傳道時，人們都非常驚奇。然而，他們認為耶穌只不過是「木匠的兒子」，拒絕看到祂的教導所揭示的智慧，並祂所行的神蹟就是神性的確據。結果「耶穌因為他們不信，就在那裡不多行異能了。」（太 13:58）

另一方面，有人祈禱並相信他們是憑信心去求；但是他們的祈求似乎沒有任何回應，他們如何繼續相信呢？

在回答這個問題時，鄧楠（Dunnam）做了一個有用的觀察。他說：「信心不是用世人的術語或極限來量度。即使似乎有證據表示我們的祈求不被聆聽，信心卻仍然拒絕停止祈禱。我們要超越自己顯而易見失敗的信心和希望，我們要繼續祈禱。

耶穌用比喻對他們說，要常常禱告，不可灰心。

「某城裡有一個官，不懼怕神，也不尊重世人。那城裡有個寡婦，常到他那裡，說：『我有一個對頭，求你給我伸冤。』他多日不准。後來心裡說：『我雖不懼怕神，也不尊重世人，只因這寡婦煩擾我，我就給她伸冤吧，免得她常來纏磨我！』主說：你

75

們聽這不義之官所說的話。神的選民晝夜呼籲祂，祂縱然為他們忍了多時，豈不終久給他們伸冤嗎？我告訴你們，要快快地給他們伸冤了。然而，人子來的時候，遇得見世上有信德嗎？」（路18:1-8）

有人對禱告的信心和信心的禱告做了非常有幫助的區別。信心可以是一種倒行逆施，祈禱中的信心則可能是冒失和大聲吶喊，像向神發出最後通牒並要祂默許。但是憑信心禱告則不同，這是求問並繼續求問；這確實有點囉嗦，但是所有懇求和祈求都是完全順服神的旨意。我們的信心不在於禱告，卻是在於神。在禱告中，我們可能會激動地為自己的需要懇求，但是我們的信心仍然在神那裡；因此，我們可以像耶穌那樣結束我們的祈求：「願祢的旨意成就。」

憑信心禱告是承認神的主權，並以此為樂，相信最終所有力量都在神的掌管和權能下，萬事都會互相效力，叫愛神的人得益處。」[4]

# 「代禱」基本原則

## a. 告訴神

有人會說：「我是誰？要告訴神該怎麼做？」我們需要認識到，我們與神… 就是一種關係。因此，我們不是在告訴神該做甚麼，而是與祂分享我們的需要和擔憂；分享我們生活的各個層面是與神建立親密關係中不可或缺的。保羅寫道：「應當一無掛慮，只要凡事藉著禱告、祈求和感謝，將你們所要的告訴神。神所賜出人意外的平安，必在基督耶穌裡，保守你們的心懷意念。」（腓4:6-7）

我們開始明白，祈求並不是告訴神該做甚麼，而是讓祂知道我們的需要。有人認為神已經知道我們的需要，祂會做任何對我們最好的事，所以不打算告訴神任何事情。這種推理沒有考慮到一個事實，就是我們與神的關係是動態的，告訴神我們的需要和掛慮是這個關係一個重要因素。《馬太福音》講述兩個盲人跟隨耶穌的故事，他們喊叫：「大衛的子孫！可憐我們吧！」耶穌當然知道他們的情況，對他們來說，最好就是能夠看見。不過他們首先

向主呼求，然後主問他們是否相信祂能醫治，他們肯定地回應。耶穌便說：「照著你們的信給你們成全了吧。」（太 9:27-29）

經文一而再地讓我們看到，耶穌對有需要的人存憐憫的心。這理應使我們有勇氣將我們的祈求帶到神面前，因為我們知道祂關心我們。

## b. 恆久堅持

我們每隔多久向神祈求一次？我們是不斷禱告直到有肯定的回應，還是只禱告一次，將結果交給神？坦白說，這是一個不容易回答、許多人都糾結的問題。如果我們不斷把問題擺在神面前，這是缺乏信心嗎？另一方面，如果我們不斷為某個問題禱告，這是否顯示了我們真正的渴求？

耶穌講了一個比喻，幫助我們瞭解堅持禱告的重要性。

「你們中間誰有一個朋友半夜到他那裡去，說：『朋友！請借給我三個餅；因為我有一個朋友行路，來到我這裡，我沒有甚麼給他擺上。』那人在裡面回答說：『不要攪擾我，門已經關閉，孩子們也同我在床上了，我不能起來給你。』我告訴你們：雖不因他是朋友起來給他，但因他情詞迫切地直求，就必起來照他所需用的給他。我又告訴你們：你們祈求，就給你們；尋找，就尋見；叩門，就給你們開門。因為凡祈求的，就得著；尋找的，就尋見；叩門的，就給他開門。」（路11:5-10）

在這個比喻的結尾，耶穌說我們要做三件事：祈求、尋找、叩門。動詞時態表示那是一個連續的動作，所以我們可以翻譯為「繼續祈求，繼續尋找，繼續叩門」。耶穌鼓勵要堅持不懈，而這種堅持就得到結果。

第二個比喻讓我們更深瞭解耶穌有關堅持的教導，這個故事講述寡婦恆切祈求的比喻。

「耶穌設一個比喻，是要人常常禱告，不可灰心。說：『某城裡有一個官，不懼怕神，也不尊重世人。那城裡有個寡婦，常到

他那裡，說：『我有一個對頭，求你給我伸冤。』他多日不准。後來心裡說：『我雖不懼怕神，也不尊重世人，只因這寡婦煩擾我，我就給她伸冤吧，免得她常來纏磨我！』主說：『你們聽這不義之官所說的話。神的選民晝夜呼籲祂，祂縱然為他們忍了多時，豈不終久給他們伸冤嗎？我告訴你們：要快快地給他們伸冤了。然而，人子來的時候，遇得見世上有信德嗎？』」（路18:1-8）

反思這個比喻，格倫茨說：「寡婦是某些不公義的受害者，她為自己的案件一再向法官求辯。法官雖然不是一個義人，最終卻因她的堅持得到回報，他為她伸張了正義。這個比喻的要點很清楚，如果持續懇求能感動一個不義的官行義，那麼作為公義審判者的神，更會垂聽被壓迫的耶穌門徒的不斷懇求，並在人子降臨時為他們伸張正義。堅定不懈地祈求主再來，終會得到尊榮；因為主的日子必將到來，為神的子民秉行公義。」[5]

當我們堅持祈禱，我們會發現幾件事情。首先，我們個人的信心在增長。有時神不會立即回答我們，所以當這種情況發生時，我們要有耐心，學會等候，並相信祂正在以我們目前無法完全理解的方式工作。其次，我們得知自己對祈求的事情有多麼渴望；透過不斷的禱告，我們開始意識到自己向神的祈求是多麼認真。最後，當我們堅持禱告而神應允我們的祈求時，我們就會對神所做的一切表達感恩。

在《聖經》中，神明顯地鼓勵我們要恆切禱告，因為神樂意將美好的禮物賜給祂的兒女。格倫茨說：「認識神的愛和祂願意賜予美好的恩典，挑戰門徒要勇敢和有信心地禱告；但是對禱告有一個重要的局限。信徒可以理所當然地堅持向神祈求美善事物，但因為神是善，不是惡，所以我們只能期望神賜予那些符合祂聖潔品格的恩惠。」[6]

## c. 奉耶穌的名禱告

《聖經》一而再地告訴我們，當我們祈禱時要奉耶穌的名禱告：「你們奉我的名無論求甚麼，我必成就，叫父因兒子得榮耀。」（約14:13）

「你們若奉我的名向我求甚麼,我必定成全。」(約14:14〔新譯本〕)

「不是你們揀選了我,是我揀選了你們;並且分派你們去結果子,叫你們的果子常存,使你們奉我的名,無論向父求甚麼,祂就賜給你們。」(約 15:16)

「到那日,你們甚麼也就不問我了。我實實在在地告訴你們:你們若向父求甚麼,祂必因我的名賜給你們。向來你們沒有奉我的名求甚麼,如今你們求就必得著,叫你們的喜樂可以滿足。」(約 16:23-24)

當我們讀到這些真理時,我們被耶穌一而再邀請要奉祂的名禱告而感到驚訝。對有些人來說,「奉耶穌的名祈禱」已成為結束祈禱的一種方式,而對其意義卻毫不在意;結果就失去奉耶穌的名禱告之意義和力量。除此之外,我們必須慎防在祈禱中增添這句子時,視為一個神奇的方程式,以為說了「奉耶穌的名」就能引起神的注意。

在《聖經》中,一個人的名字,是被認為具有獨特的意義。鄧楠說:「當我們奉耶穌的名祈禱,我們是在耶穌大能的愛中禱告,因為愛是祂一生最高的特質。… 耶穌活出愛、教導愛、實踐愛。祂是愛,祂和父在愛中合而為一,因為神是愛。」[7]

「我對我所愛的人說,讓我們一直彼此相愛,因為愛是從神而來的。每一個真正愛人的人都是神的兒子,對神都有所認識。但是不愛人的人根本不認識祂,因為神就是愛。

對我們來說,神對我們最大的愛,就是表現在祂差派獨生兒子來到世上,藉著祂賜給我們生命。我們看到真正的愛,不是因為我們愛神,乃是祂愛我們,差祂的兒子為我們的罪代贖。如果神這樣愛我們,那麼我們當然也應該彼此相愛。

事實上,從來沒有人直接見過神,但是我們若彼此相愛,神就確實住在我們裡面,祂的愛在我們裡面得以完全。正如我在上面所

寫，神將祂的靈賜給我們，從此就知道我們住在祂裡面，祂也保證住在我們裡面。（約壹 4:7-13）

當我們奉耶穌的名祈禱時，我們需要不斷地提醒自己，作為代禱者，先要尋求成為基督裡的人。我們是「活在基督裡」或「奉祂名」祈禱的人。鄧楠說：「代禱者總是設法成為基督裡的人… 我們使用耶穌所賜予的屬靈能力，才可以有能力奉耶穌的名生活和行事為人… 一切都取決於我們與基督的關係。祂藉著我們的祈禱，在我們生活中表明祂的能力。那麼祈禱不僅是從我們的嘴唇說出來，而是源自我們的生命… 當基督擁有我的一切，祂將為我成就一切我所需的。如果我讓祂擁有我的一切，祂也會給我祂擁有的一切。」[8]

## 練習
本週我們將專注於代禱。這些指引可以幫助我們有效地為自己、同時為別人禱告。這個祈禱練習有七個（每天一個）不同的主題。

# 第一天：祈求罪得赦免
在主禱文中，我們祈求「免我們的債，如同我們免了人的債。」（太6:12）這個懇求有個附加條件。我們只能祈求神寬恕我們，就像我們寬恕別人一樣。

我們寬恕，因為我們已經被寬恕，並且我們想效法耶穌的榜樣。保羅寫道：「並要以恩慈相待，存憐憫的心，彼此饒恕，正如神在基督裡饒恕了你們一樣。」（弗 4:32）沒有寬恕，便會存在障礙，這會帶來彼此之間的苦毒、痛苦和怨恨。

1. 閱讀《詩篇》 19:7-14節。
2. 花點時間思想你的人際關係，你是否察覺自己與人有任何衝突？你有懷恨在心的人嗎？講述這些事並將它們獻給神，立定心志原諒那些傷害你的人，並擺脫你內心任何苦澀。
3. 盡你所能，力求表達這種寬恕，並在可能情況下復和。
4. 把下面的禱告成為你的禱告。

DAY

1

全能和永恆的神，祢願意聆聽總是比我們所祈求的更多，祢樂意賜予比我們渴求或應得的更多：祢將豐盛的憐憫傾倒在我們身上，赦免我們良心所懼怕的那些事情。藉著祢的兒子，我們主耶穌基督作中保的位份，賜予我們那些我們不配祈求的。阿們。

主基督，祢用十字架和受難使世界與神和好，打破世人在種族和膚色之間的隔離，讓我們所有祢的子民，在世界生活中成為和解的器皿，好叫我們可以承受祢對「使人和睦的人有福了」的應許。阿們。

「這就是神在基督裡叫世人與自己和好，不將他們的過犯歸到他們身上，並且將這和好的道理託付了我們… 神使那無罪的，替我們成為罪，好叫我們在祂裡面成為神的義。」（林後 5:19,21）

# 第二天：祈求基督裡合一

在《約翰福音》17 章，耶穌不斷地為教會合一禱告。祂說：「使他們都合而為一，正如祢父在我裡面，我在祢裡面，使他們信祢差了我。」（約17:21）

基督教會經常因為不必要的事情有分歧和分裂，有許多基督徒因為他們屬於某個宗派而與其他信徒毫不相干；這使神的心多麼難過。事實上，我們的分裂可能導致有些人拒絕基督的福音。耶穌禱告當世界看到祂的跟隨者彼此團結時，就會知道這是神的工作；因為只有神才能將那些自我中心、分化和批判的人凝聚在一起，成為一個關懷和支持的大家庭。

1. 閱讀《以弗所書》 4章1-6節。
2. 背誦《以弗所書》 4章3節。
3. 寫信或打電話給參加不同教會或宗派的朋友，告訴他們你今天為他們祈禱，想辦法給他們帶來鼓勵。
4. 在你每天的禱告包括其他群體，特別為牧師和領袖們禱告，願他們的事工和領導可以得到肯定。
5. 把這個禱告變成你日常靈修的一部分。

神啊，我們為祢在世界各地的教會祈禱：
願教會能完全分擔祢兒子的事工，

DAY

2

向人們彰顯祢，使世人與祢和好；
願基督徒學習彼此相愛，正如祢愛我們；
願祢的教會更能合一，這是祢的旨意和恩典。

我們為自己和所有基督徒祈禱：
願我們都成為祢期盼我們的樣子，
做祢想要我們做的事，
使我們可以安然面對一切，
並在忘我中得著內心的平靜。

我們為那些因信仰和信念而受苦的人祈禱：
因為他們的道路艱難，並且面對回頭的試探。
主啊，幫助並堅固他們，
好讓他們堅持到底，
並藉著他們忠誠的見證，吸引他人歸向你。

我們祈求主耶穌基督的福音，
可以被愈來愈多人認識和接受；
吸引所有追求真理和良善的人。
願他們找到深不可測、惟有在祢身上才尋見的富足。
願祢所創造的萬國都來敬拜祢和尊崇祢名字。[9]

## 第三天：祈求屬靈覺悟

屬靈覺悟的祈禱，使我們在基督裡對現在和將來都有新的理解和欣賞。保羅為以弗所的信徒禱告：「並且照明你們心中的眼睛，使你們知道祂的恩召有何等指望，祂在聖徒中得的基業有何等豐盛的榮耀。」（弗 1:18）

這個祈禱實際上是祈求藉著聖靈的工作，開啟個人的屬靈覺悟。這包括認識我們在基督裡是誰和有甚麼身份，開始意識到我們擁有神賜予的能力，明白在我們的生活中有基督的同在並經歷祂應許的真理。

基督徒很容易忘記這些重要的真理，我們需要不斷地回到《聖經》中，看看神在那些愛祂、順服祂的人的生命中做了甚麼。很

DAY

3

可惜，許多基督徒從來沒有經驗過這種屬靈覺悟，他們的生命得不到滿足。

1. 閱讀《以弗所書》 1章15-23節。
2. 神以哪些具體方式「光照」你？祂對你有甚麼承諾？
3. 選擇今天能影響你生命的一方面，將它作為你的禱告；祈求神讓這成真。這對你的生命帶來甚麼不一樣？
4. 你如何用這個禱告為別人代求？為神放在你心裡的人禱告。
5. 使用以下的禱告，作為祈求覺悟神賜你恩惠的一個方式。

> 主啊，
> 祢一切的智慧和知識的寶藏
> 都藏在基督裡，藉著他的名彰顯。
> 幫助我們明白已經被救贖，
> 以致憑信有基督住在我們心裡；
> 我們的生命以愛被傳揚。
> 主啊，賜給我們清晰的真理異象；
> 信靠祢的能力，並有信心肯定祢的同在。
> 阿們。

# 第四天：祈求護祐

舊約有一篇祈求保護的偉大禱文，是雅各的岳父拉班所做的禱告。當雅各和他的家人回到家鄉，他將要面對他的哥哥以掃。當他們要離開時，拉班祈禱說：「我們彼此離別以後，願耶和華在你我中間鑒察。」（創31:49）這個祈禱被稱為「米斯巴」（Mizpah）。

*DAY*
*4*

《詩篇》 91 篇是祈求保護的另一個例子，這通常是晚上睡覺前背誦的《詩篇》。

> 「住在至高者隱密處的，必住在全能者的蔭下。
> 我要論到耶和華說：『祂是我的避難所，
> 是我的山寨、是我的神、是我所倚靠的。』」（詩 91:1-2）

我們也要思考另一種保護，就是免受那「惡者」的傷害。耶穌「大祭司」的祈禱中懇求天父：「我不求祢叫他們離開世界，只

求祢保守他們脫離那惡者。」（約 17:15）彼得告訴我們：「因為你們的仇敵魔鬼，如同吼叫的獅子，遍地遊行，尋找可吞吃的人。」（彼前 5:8）

我們每天都面對挑戰，這會讓我們心煩意亂，使我們焦慮甚至恐懼。在這一切中，主應許與我們同在和保護我們。因此，祈求保護使我們能夠將憂慮交給神，並有信心地生活，因祂正在看顧我們。

## 練習

1. 牢記「米斯巴」。
2. 睡前閱讀《詩篇》91篇，讓這些話成為你入睡前想起的最後一件事。
3. 要知道神的子民每天都在屬靈的掙扎中；有時是隱蔽的，有時是公開的。閱讀《以弗所書》6章10-18節。當你開始新一天時，心中穿上各種屬靈軍裝，以保護自己免受敵人的攻擊。注意軍裝各部分：
   a. 真理的腰帶
   b. 公義的護心鏡
   c. 鞋，平安的福音
   d. 信德當作盾牌
   e. 救恩的頭盔

4. 整天都思想神的同在和祂對你的看顧。

# 第五天：祈求醫治

DAY
5

耶穌的使命，可以簡單概括在耶穌與撒該相遇後所說的話：「人子來，為要尋找拯救失喪的人。」「拯救」這個詞語的字面意思是醫治或整全。耶穌來，為我們生命各方面：靈性上、情感上、關係上和肉身上都帶來整全醫治。

祈求醫治是基督徒會做的事。有時我們會感到困惑或不確定神在做甚麼，但是我們仍然按照《聖經》禱告。雅各告訴我們：「你們中間有病了的呢，他就該請教會的長老來，他們可以奉主的名用油抹他，為他禱告。 出於信心的祈禱要救那病人，主必叫他

起來；他若犯了罪，也必蒙赦免。所以你們要彼此認罪，互相代求，使你們可以得醫治。義人祈禱所發的力量是大有功效的。」（雅5:14-16）

當我們為自己和彼此祈禱時，我們需要知道神醫治的方式是一個奧秘。有時主會立即醫治，這在耶穌施行許多醫治中都顯而易見；不過有時也是循序漸進。有一次，耶穌按手在一個盲人身上，當他被問能否看見時，這個人說他看見人像 "樹木行走"；換言之他的視力仍然模糊。耶穌再次觸摸他，他的視力就完全恢復了。

保羅經常醫治人。當他在米利大島遇船難時，他被毒蛇所咬，但是沒有受到任何傷害。後來島長請他去見患有痢疾和發燒的父親，我們得知「保羅進去為他禱告，按手在他身上，治好了他。」（徒28:8）

另一方面，保羅無法治癒他的朋友特羅非摩，他生病留在米利都（提後 4:20）。保羅還求主除去他所說「肉體上的刺」，主清楚告訴他：這個請求不會被應允，但是保羅會經歷更多的事情。主對他說：「我的恩典夠你用的，因為我的能力是在人的軟弱上顯得完全。」（林後 12:9）保羅知道後便欣然接受他的人生境遇。

在我們祈求醫治時，我們必須知道，神可能不會以我們期望的方式作回應。大多數人內心都渴望得到醫治，並且相信神會應允請求。有時神會說好，有時會說不，有時會說尚未可以。因此我們在神的奧秘前屈膝，並信靠祂主權的計劃。

## 練習

1. 閱讀《路加福音》 6章12-13節，9章1-2節。
2. 用以下祈求醫治的長禱文禱告：

「讓我們在神面前，提名為那些人獻上禱告....
父神，祢對萬民的旨意是醫治和拯救。
主啊，我們讚美感謝祢。
聖子，祢來為要我們得著生命，並且得著更豐盛。
主啊，我們讚美感謝祢。

聖靈，祢使我們的身體是祢同在的殿。
主啊，我們讚美感謝祢。
三位一體的神，
我們生活、一舉一動和存留都在祢裡面。
主啊，我們讚美感謝祢。
主啊，求祢賜醫治的恩惠
給所有患病、受傷或殘疾的人，使他們得以痊癒。
生命之主，求祢垂聽我們：
願所有尋求祢引領，所有孤獨、焦慮或沮喪的人，
都知道祢的旨意和祢的同在。
生命之主，求祢垂聽我們：
願祢修復破碎的關係，
讓情緒困擾的人恢復心思，並穩定心靈平靜。
生命之主，求祢垂聽我們：
願祢賜予臨終者平安和聖潔的離世，
願聖靈的恩典和安慰，臨到失去至親者。
生命之主，求祢垂聽我們：
祢是行奇事的主，祢已宣告祢的權能在人間；
主啊，祢是生命之泉，我們在祢的光中得見光。
生命之主，求祢垂聽我們：
醫治我，使我完全。
阿們。」[10]

3. 下面經文適用於生活各種情況。慢慢閱讀這些經文，讓神對你說話。

    a. 受苦：《詩篇》88篇；《馬太福音》11:28-30；《羅馬書》5:1-5, 8:35-39。

    b. 神同在：《詩篇》46:1-7, 10-11；《以賽亞書》43:1-3a, 61:1-3。

    c. 饒恕：《詩篇》51:1-2, 7-12；《馬太福音》9:2-8；《哥林多後書》5:16-21。

    d. 忍耐信靠：《詩篇》27:1, 4-9, 13-14；《馬可福音》14:36；《彼得前書》4:12-13。

    e. 臨終：《詩篇》23；《約翰福音》14:1-6；《啟示錄》21:1-7

4. 以下是面對不同情況的禱告。

## 祈求寧靜

神請賜予我們寧靜，
讓我們接受無法改變的事情，
有勇氣改變我們能改變的事情；
並賜予我們睿智，讓我們能區別這兩者的不同。
奉救主耶穌基督祈求。
（取自Reinhold Nebur）

## 懇求幫助

耶和華阿，
求祢終日扶持我們，
直到陰影拉長，黃昏來臨。
忙碌的世界安靜，生命的狂熱過去，
我們的工作也完成了。
然後，在主祢的憐憫裡，
給我們一個安居所，
神聖的安息，歸於平安。
藉我們主耶穌基督求。
阿們。
（約翰·亨利·紐曼）

# 第六天：為有需要者祈禱

DAY 6

在北美，我們生活在一個經濟富裕的環境裡，似乎富者愈富、貧者愈貧。先知阿摩司蒙召，向當時非常富有與安逸的人講話，提醒他們神非常關心窮人和受壓迫的人。今天，我們稱他們為「被邊緣化」的人。

神的呼召是公義、正直和憐憫。作為耶穌的追隨者，我們是否有同情心？我們是否關心窮人？是否為邊緣化的人尋求公義？我們如何為他們禱告？我們的禱告會帶來行動嗎？

## 練習

1. 閱讀以下經文：《阿摩司書》 1章3節至2章3節，2章6-16節。神的心為何破碎？你今天看到類似的情況嗎？
2. 閱讀《申命記》 24章17-18節。這三個名單是甚麼人？
3. 今天這些人是誰？誰為他們說話？
4. 閱讀《阿摩司書》 5章21-23節。神真正厭惡的是甚麼？
5. 閱讀《阿摩司書》 7章1-9節。審判來臨的三個異象是甚麼？
6. 你的生活如何用下面的準繩作量度：
   　a.慷慨？　b.服侍？　c. 伸出援手？

7. 今天特別為被邊緣化的人禱告。閱讀報紙瞭解這些人一些明顯的需要，到市中心的宣教機構或食物銀行做義工服侍。為你教會的差傳事工慷慨奉獻，當你在經濟上給予時，也為使用這些資源禱告。看看你是否有機會參與第三世界的宣教事工，這能增加你對教會普世差傳的關注。

# 第七天：為你的社區祈求

DAY
7

當約書亞被授予領導以色列民時，耶和華告訴他：「我的僕人摩西死了。現在你要起來，和眾百姓過這約旦河，往我所要賜給以色列人的地去。 凡你們腳掌所踏之地，我都照著我所應許摩西的話賜給你們了。 」（書1:2-3）當他們向前邁進，他們抓緊神的應許，最後進入了應許之地。

多個世紀以來，基督徒用「步行禱告」（prayer walks）的方式為他們的社區祈禱，宣告這片土地屬於神。

當我們養成步行祈禱的習慣，我們看自己的社區會有不同的態度。透過基督的眼睛察看，我們變得更關注社區內的屬靈氣氛，那裡是屬靈的據點；這有助於我們規劃事工的策略。除此之外，我們對生活在自己社區的人更加敏感。我們經過商業場所、政府所在地、學習大樓、娛樂中心和人們居住的民宅，所有這些都可以成為我們祈禱的重點。

步行禱告的另一面，就是單單與神獨處，享受祂創造和同在的時間。有時我們會被忙碌衝昏頭腦，無法留意身邊的一切。當我們花時間放慢腳步和享受創造時，內心會充滿驚訝、喜悅和感恩。

大衛·斯通（David Stone）建議了非常簡單的步行禱告目標：[11]

a. 為異象：當我們走路和祈禱時，我們開始透過神的眼睛看我們的鄰居。

b. 為關係：當我們為鄰居祈禱時，我們祈求鄰居能認識神的美善。

c. 為盼望：許多鄰居正面臨困難。藉著祈禱，我們帶來只有在神裡才能找到的希望。

## 練習

1. 今天計劃在你的鄰里週圍步行禱告，可以只是你居住的那一街區；日後你可延伸行程。

2. 禱告抗衡任何與神工作相抵觸的邪惡或屬靈力量。

3. 為各級政府不同領導禱告，為任何現存的貪腐禱告。

4. 為整個地區的屬靈覺醒禱告。

## 備註/引用書目：

1. http:www.ffoulkes.org/prayer/ch8.php

2. S. Grenz, Prayer *The Cry For The Kingdom* （Peabody, Mass. Hendrickson Publishing 1988）pg. 15

3. ibid., pg 39

4. M. Dunnam, *The Workbook Of Intercessory Prayer* （Nashville, Tenn. Upper Room 1979）pg. 24-25

5. Grenz, op.cit. pg. 85

6. ibid., pg. 84

7. Dunnam, op. cit. pg. 91

8. ibid. pg. 128

9. Caryl Micklem, *Contemporary Prayers For Public Worship* （Grand Rapids, Michigan, Eerdmans 1967）pg. 53

10. Morris Maddocks, *A Healing House of Prayer* （Toronto Ontario, Hodder and Stoughton 1984）pg. 280

11. http://www.geocities.com/YWAMKerla/Prayerwalk.htm

## 第七週：感恩與讚美

你們要**稱謝耶和華，**因祂**本為善，**祂的慈愛永遠長存！你們要稱謝萬神之神，因祂的慈愛永遠長存！你們要稱謝萬主之主，因祂的慈愛永遠長存！你們要稱謝天上的神，因祂的慈愛永遠長存！

（詩136:1-3, 26）

在整本《聖經》中，神的子民口中一直對神有感恩和讚美。當我們明白神是生活中萬事的掌權者，並且祂透過我們所有的經歷在工作，旨在帶給我們終極的好處時，我們學會以感恩的心回應祂。我們回想《聖經》的確據，保證我們與神的關係是穩固的。被祂的愛所包圍，有祂完美的公義掌管，並祂永恆的應許作激勵。我們深信神是我們快樂和力量的泉源，祂是支撐我們一生的主。不過當問題出現時，我們常常很快忘記這些真理，我們開始對生命感到灰心失望，感激之情也煙消雲散。所以，期望人們無論生活如何，都能向神獻上感恩和讚美，這是否現實可行呢？

《聖經》描繪感恩，不僅在我們一切順利時的一種感覺或情緒。保羅寫信給羅馬教會，提醒他們沒有感恩是世人基本的罪：「因為他們雖然知道神，卻不當作神榮耀祂，也不感謝祂。他們的思念變為虛妄，無知的心就昏暗了。」（羅1:21）這段經文揭示了一顆缺乏感恩的心，而感恩對於遵循神的命令至關重要。

然而，神真的命令我們要感恩嗎？第十誡說：「不可貪心」。仔細想想，貪婪的另一面是感恩。如果我貪戀別人的東西，這表示我對自己擁有的不滿足。另一方面，感恩則表明我對神的供應和保護感到滿足。使徒保羅說：「我並不是因缺乏說這話，我無論在甚麼景況都可以知足，這是我已經學會了。我知道怎樣處卑賤，也知道怎樣處豐富，或飽足、或飢餓、或有餘、或缺乏，隨事隨在，我都得了秘訣。我靠著那加給我力量的，凡事都能做。」（腓 4:11-13）

保羅學會接受每一種情況和處境，甚至生活中的考驗和磨難，都是神計劃的一部分。因為神是至高君王、全能全知，所有都盡善盡美；無論生活環境如何，祂都值得信靠。

因此，當情況和處境令我們滿意時，感恩不僅僅是一種良好感覺，感恩更是建基於我們對神的信心和倚靠。如果我們經歷考驗或困難，我們知道在這一切背後，神都有一個目的。雅各教導我們，當我們落在百般試煉中，「都要以為大喜樂」（雅 1:2-4）。透過這個過程，神在塑造我們的生命，最終我們的信心會被證明是真實的。

在舊約中，反復表達感恩的一個議題，就是神信實的約。

「你們要稱謝耶和華，因祂本為善，
祂的慈愛永遠長存！」（詩 136:1）

在新約，我們找到獻上感恩的其他原因，並用讚美的言詞向神表達感謝。

「感謝神，使我們藉著我們的主耶穌基督得勝。」（林前15:57）

「感謝神！常帥領我們在基督裡誇勝，
並藉著我們在各處顯揚那因認識基督而有的香氣。」（林後2:14）

「又感謝父，叫我們能與眾聖徒在光明中同得基業。」（西1:12）

「為此，我們也不住地感謝神，因你們聽見我們所傳神的道，就領受了；不以為是人的道，乃以為是神的道。這道實在是神的，並且運行在你們信主的人心中。」（帖前2:13）

「弟兄們，我們該為你們常常感謝神，這本是合宜的，因你們的信心格外增長，並且你們眾人彼此相愛的心也都充足。」（帖後1:3）

「主所愛的弟兄們哪，我們本該常為你們感謝神，因為祂從起初揀選了你們，叫你們因信真道，又被聖靈感動，成為聖潔，能以得救。」（帖後2:13）

「我感謝那給我力量的我們主基督耶穌，因祂以我有忠心，派我服事祂。」（提前1:12）

在基督徒的生命裡，我們意識到自己的存在、擁有的一切和希望，都是神的恩典；因此，在慶祝自己的年日時，我們充滿了感激之情，並向神表達感謝。湯瑪斯·默頓（Thomas Merton）說：「感恩不會把任何事情視為理所當然，從來不是毫無反應；感恩卻是不斷喚醒新的驚奇，讚美神的美善。」[1]

我們對神表達感激和感恩，是一種全方位的體驗。傑夫·多爾斯（Jeff Doles）[2] 提出感恩有很多好處。其中一些是：

## a. 尊主為大

「我要以詩歌讚美神的名，以感謝稱祂為大！」（詩69:30）當你的問題對你來說是太大時，開始宣告讚美神，唱詩感謝祂是誰；你會開始看到神的能力比你的問題大得多。

## b. 帶領我們來到主前

「我們要來感謝祂，用詩歌向祂歡呼！」（詩 95:2）當你不知道自己處於人生的哪個位置時，開始感謝讚美神，你很快會發現自己就在祂的院宇裡。

## c. 為祝福準備道路

有一天，耶穌要餵飽五千人，但是資源有限——五個餅和兩條魚。無論如何，祂憑信心解決了這個問題。約翰告訴我們：「耶穌拿起餅來，祝謝了，就分給那坐著的人，分魚也是這樣，都隨著他們所要的。他們吃飽了，耶穌對門徒說：『把剩下的零碎收拾起來，免得有糟蹋的。』他們便將那五個大麥餅的零碎，就是眾人吃了剩下的，收拾起來，裝滿了十二個籃子。」（約6:11-13）耶穌藉著感恩表達祂的信心，能夠讓那裡的每個人都吃飽；不僅是足夠，而且還剩下十二籃。

## d. 為應允禱告作準備

思想拉撒路從死裡復活。拉撒路的姊妹傳話告訴耶穌他病了，但是耶穌去到時，他已經死了。耶穌心裡悲傷，舉目望天禱告：「父啊，我感謝祢，因為祢已經聽我。」（約 11:41）在耶穌禱告前，祂已經感謝天父，答案顯而易見，耶穌相信在祂祈禱時已蒙應允，所以祈禱是為此感謝。當祂吩咐說：「拉撒路出來！」所有人都知道了答案。

## e. 為神的平安作準備

生活中有很多事情讓我們感到焦慮。使徒保羅寫道:「應當一無掛慮,只要凡事藉著禱告、祈求和感謝,將你們所要的告訴神。神所賜出人意外的平安,必在基督耶穌裡,保守你們的心懷意念。」(腓 4:6-7)充滿感恩的生活,就是充滿神平安的生活。

認識神與我們的生活息息相關,並且祂關心每一方面;感恩便成為一種生活方式。「你們既然接受了主基督耶穌,就當遵祂而行;在祂裡面生根建造,信心堅固,正如你們所領的教訓,感謝的心也更增長了。」(西 2:6-7)

「無論做甚麼,或說話、或行事,都要奉主耶穌的名,藉著祂感謝父神。」(西 3:17)

「要常常喜樂,不住地禱告,凡事謝恩,因為這是神在基督耶穌裡向你們所定的旨意。」(帖前 5:16-17)

「我們應當靠著耶穌,常常以頌讚為祭獻給神,這就是那承認主名之人嘴唇的果子。」(來 13:15)

湯瑪斯·默頓說:「感恩,不僅是一種精神操練,不單是一種語言公式。我們不能滿足於僅僅在心中記下神為我們所做的事情,然後敷衍地感謝祂所賜的恩惠。

感恩是在神賜給我們所有的事情中認識到神的愛,祂已經給了我們一切。我們每一次呼吸都是祂愛的禮物,存留每一刻都是一個恩典。感恩不是理所當然,從來不是毫無回應;感恩是不斷喚醒新的驚奇,讚美神的美善。感恩的人知道神的美好,不是藉著傳聞,而是藉著體驗。這就是一切不同之處.....

因此,感恩是獨處生活的核心,正如它是基督徒生命的核心一樣......

我們生活在不斷仰賴天父的憐憫恩慈中,因此我們整個生命都是感恩的生活,每一刻對祂的幫助作出不斷的回應。」[3]

## 練習

本週練習以向神獻上讚美和感謝為基礎，感謝神祂是誰和祂所做的一切。你有機會反思不同的經文段落，並探索在自己生活中的相關課題。請謹記，感謝是「神對我們的旨意」。保羅寫道：「凡事謝恩，因為這是神在基督耶穌裡向你們所定的旨意。」（帖前 5:18）

在這些練習中，有機會思考舊約使用神七個不同的名字。神的本性有許多方面，每方面都用一個名字代表，這些名字能幫助你明白神是誰，以及祂做了甚麼。然後請你探索這些神的名字如何在生活中有所體驗，並向神表達感恩。

神的七個名字是：

a. 耶和華 – 以勒：（je-ho'-vah yeer'-eh）耶和華必預備
b. 耶和華 – 拉法：（je-ho'-vah ro'phay）耶和華必醫治
c. 耶和華 – 尼西：（je-ho'-vah nis-see）耶和華我們的旌旗
d. 耶和華 – 卡德式：（je-ho'-vah m'-kad'desh）耶和華使我們成聖
e. 耶和華 – 沙龍：（je-ho'-vah shal-lom）耶和華我的平安
f. 耶和華 – 齊根努：（je-ho'-vah tsid-kay'-noo）耶和華我們的義
g. 耶和華 – 羅以：（je-ho'-vah ro'ee）耶和華我們的牧者

# 第一天：耶和華必預備（耶和華—以勒）

**DAY 1**

這個名字的背景是《創世記》22 章。我們在這裡看到亞伯拉罕面對人生中一個最大的挑戰。神在他年老時應許給他一個孩子，他和妻子撒拉經歷了這個應許的實現。現在神要亞伯拉罕獻上他的兒子作祭物，就是這個應許所得的兒子。神對他說：「你帶著你的兒子，就是你獨生的兒子，你所愛的以撒，往摩利亞地去，在我所要指示你的山上，把他獻為燔祭。」（創22:2）

亞伯拉罕不知道這是神的考驗，他順服神便帶著兒子以撒、兩個年輕僕人、獻祭的柴到神告訴他的地方去。

過了幾天，他們遠遠看到神所說的地方，亞伯拉罕叫兩個年輕人等他回來，便帶著以撒啟程。以撒背著柴，而他拿著火和刀。當他們沿著走時，以撒問他父親：「燔祭的羊羔在哪裡呢？」亞伯拉罕回答說：「神必自己預備作燔祭的羊羔。」

當以撒被獻為祭時，耶和華的使者呼叫說：「『亞伯拉罕！亞伯拉罕！你不可在這童子身上下手，一點不可害他！現在我知道你是敬畏神的了，因為你沒有將你的兒子，就是你獨生的兒子，留下不給我。』亞伯拉罕舉目觀看，不料，有一隻公羊，兩角扣在稠密的小樹中，亞伯拉罕就取了那隻公羊來，獻為燔祭，代替他的兒子。亞伯拉罕給那地方起名叫『耶和華以勒』，直到今日人還說：在耶和華的山上必有預備。」（創 22:11-14）

「耶和華以勒」（Jehovah–Jireh）提醒我們神的恩典帶來了這次的拯救。然而，亞伯拉罕從這次經歷中，肯定感受到比信心考驗更深遠的事情。事實上，天使第二次向他說話，告訴他因為他的順服，他會蒙受祝福，他的後裔會繁多，並且地上萬國也會因他的後裔得福。他是否從信心的眼光看到更多的東西呢？

亞伯拉罕明白罪的現實和贖罪的必要，但所有的贖罪祭都只是暫時的，因為公牛和山羊的血無法真正除去罪。在這座山上，神教導亞伯拉罕，祂自己會準備為罪獻上的祭，並付出極重的代價；正如亞伯拉罕獻上自己的獨生子會心碎一樣。想想神為世人的罪，獻上祂的獨生子所付出的代價。約翰寫道：「神愛世人，甚至將祂的獨生子賜給他們…」（約 3:16）保羅說：神是「不愛惜自己的兒子，為我們眾人捨了…」（羅 8:32）。

以撒會問：「羔羊在哪裡？」亞伯拉罕回答：「神必自己預備羊羔。」施洗約翰看見耶穌便宣告：「看哪，神的羔羊，除去世人罪孽的。」（約 1:29）這羔羊就是天堂讚美和敬拜的焦點，寶座週圍的天使和長老大聲向神歌唱：「大聲說：『曾被殺的羔羊是配得權柄、豐富、智慧、能力、尊貴、榮耀、頌讚的！』我又聽見在天上、地上、地底下、滄海裡和天地間一切所有被造之物都說：『但願頌讚、尊貴、榮耀、權勢都歸給坐寶座的和羔羊，直到永永遠遠！』」（啟5:12-13）

### 練習

1. 閱讀《創世記》22章亞伯拉罕和以撒的故事。
2. 「耶和華以勒」這個名字對你來說有何意義？神怎樣供應你？
3. 除了你的「救恩」，神還在哪些方面為你預備？閱讀《腓立比書》4章19節，寫下你的反思。
4. 當你回想神在你生命中的「供應」時，表達你對祂的感恩。

## DAY 2

## 第二天：耶和華必醫治（耶和華—拉法）

「耶和華拉法」（Jehovah – Rapha）這個名字的意思是耶和華醫治。以色列民為了擺脫埃及而越過紅海，現在他們在書珥的沙漠中。他們在曠野待了三天後，找不到水開始抱怨。他們忘記神將他們從四百年的奴役中解救出來，最近還救了他們脫離一邊是紅海，另一邊是強大的埃及軍隊的險境。我們知道他們開始埋怨摩西：「到了瑪拉，不能喝那裡的水，因為水苦，所以那地名叫瑪拉。」（出 15:23）

神給摩西指示一棵樹，他把樹丟在水裡，苦味就變甜了，人們就喝水。他們精神煥發地上路，他們的抱怨轉為讚美；然後神說了相當有意思的話：「你若留意聽耶和華你神的話，又行我眼中看為正的事，留心聽我的誡命，守我一切的律例，我就不將所加與埃及人的疾病加在你身上，因為我耶和華是醫治你的。」（出 15:26）

神保證他們若是順服，祂永遠是他們的「醫治者」。

在舊約和新約中，我們看到神在人的生命中有醫治的恩典。身患重病的希西家痊癒了，神也賜給他多活十數年。摩西向神呼求，醫治患麻瘋的姊姊米利暗。耶穌在會堂開始祂的事工，祂在那裡宣講先知以賽亞的話：「主的靈在我身上，因為祂用膏膏我，叫我傳福音給貧窮的人；差遣我報告被擄的得釋放，瞎眼的得看見，叫那受壓制的得自由，報告神悅納人的禧年。」（路 4:18-19）

耶穌所到之處，病人都被帶到祂面前。馬太告訴我們：「耶穌走遍加利利，在各會堂裡教訓人，傳天國的福音，醫治百姓各樣的

病症，祂的名聲就傳遍了敍利亞。那裡的人把一切害病的，就是害各樣疾病、各樣疼痛的和被鬼附的、癲癇的、癱瘓的，都帶了來，耶穌就治好了他們。」（太 4:23-24）

但重要的是明白神的醫治不限於身體的問題。耶穌來是要醫治我們生命的每一方面，包括我們與神的破裂關係。有時祂會對人說：「你的罪被赦免了。」對於質疑祂和稅吏及罪人聯繫的批評，祂表示：「康健的人用不著醫生，有病的人才用得著。經上說：『我喜愛憐恤，不喜愛祭祀。』這句話的意思，你們且去揣摩。我來，本不是召義人，乃是召罪人。」（太 9:12-13）

正如瑪拉的水因被放置的木頭而得醫治一樣，耶穌被掛在十架木頭上亦帶來醫治。彼得寫道：「祂被掛在木頭上，親身擔當了我們的罪，使我們既然在罪上死，就得以在義上活。因祂受的鞭傷，你們便得了醫治。」（彼前 2:24）

## 練習

1. 閱讀《出埃及記》 15章，水得醫治的故事。
2. 反思神在你生命中的醫治工作。在你的日誌寫下你記起的特別事件，透過這些經歷，你的生命有怎樣的變化。
3. 你現在需要在哪裡經歷醫治？察驗你與神、與自己、與其他人的關係。
4. 這將如何反映在你感謝和感恩的祈禱中？

# 第三天：耶和華我們的旌旗（耶和華—尼西）

以色列的子民會發現神另一個屬性，祂是「耶和華尼西」（Jehovah–Nissi），耶和華是我們的旌旗；神顯明是他們的供應者和醫治者。當以色列人面臨另一個挑戰，神將展示自己是他們的旌旗。在《出埃及記》 17 章，以色列人遇到他們的敵人亞瑪力人。雖然這些人是以掃的直系後裔，但是他們是以色列的宿敵。

摩西告訴約書亞去揀選人與亞瑪力人作戰。這些敵人裝備精良、訓練有素，人數超過那些能力不足而且紀律不佳的以色列戰士。

DAY

3

摩西為了鼓勵約書亞和軍隊，在山上選了一個可以俯瞰戰場的位置。他手裡拿著神的杖，只要他舉手，以色列就得勝；但是如果他的手放下，亞瑪力人就得勝。別人幫忙扶著他的手，以色列最終贏了那場戰爭。

那天結束時「摩西築了一座祭壇，給它起名叫『耶和華尼西』。摩西又說：『向耶和華的旌旗舉手，耶和華必世世代代和亞瑪力人爭戰。』」（出17:15-16 [新譯本]）

當摩西站在山上高舉雙手時，我們認為這是向神祈求、尋求戰勝敵人的行動。不但如此，他手中拿著神的杖，也稱為旗幟。《聖經》時代，旗幟是一根帶有明亮裝飾的杆子，在陽光下會發光。這是一個常規，當旗幟被高舉，就號召人們為神的聖工或爭戰團結起來，是釋放和拯救的標誌。

以色列與亞瑪力人爭戰的經歷，與我們在屬靈爭戰中的遭遇相似。亞瑪力是第一個出現的敵人，卻不會是最後一個。象徵性地，亞瑪力代表了「這個世界的國度」，與「我們神的國度」對立。今天，基督徒需要認識到他們是在一場屬靈爭戰中，敵人咄咄逼人、無所畏懼。保羅寫給以弗所教會的信非常清楚說明：

「我還有末了的話：你們要靠著主，倚賴祂的大能大力，作剛強的人。要穿戴神所賜的全副軍裝，就能抵擋魔鬼的詭計。因我們並不是與屬血氣的爭戰，乃是與那些執政的、掌權的、管轄這幽暗世界的，以及天空屬靈氣的惡魔爭戰。所以要拿起神所賜的全副軍裝，好在磨難的日子抵擋仇敵，並且成就了一切，還能站立得住。所以要站穩了，用真理當作帶子束腰，用公義當作護心鏡遮胸，又用平安的福音當作預備走路的鞋穿在腳上。此外，又拿著信德當作籐牌，可以滅盡那惡者一切的火箭；並戴上救恩的頭盔，拿著聖靈的寶劍，就是神的道。靠著聖靈，隨時多方禱告祈求，並要在此儆醒不倦，為眾聖徒祈求。」（弗 6:10-18）

我們不能靠自己打屬靈的仗。當摩西累了，他的手放下，看不見神的杖，敵人就佔領陣地。他需要人幫助舉起雙臂，這樣神的杖被看見就取得勝利；神同在絕對是得勝的因素。

摩西手中的杖是神大能的象徵。基督的十字架則是神救贖的大能，是對抗邪惡勢力的旌旗。保羅用這些話來表達：「既是這樣，還有甚麼說的呢？神若幫助我們，誰能敵擋我們呢？神既不愛惜自己的兒子為我們眾人捨了，豈不也把萬物和祂一同白白地賜給我們嗎？....然而，靠著愛我們的主，在這一切的事上已經得勝有餘了。 」（羅8:31-32, 37）

## 練習

1. 閱讀《出埃及記》 17 章戰爭的描述。
2. 閱讀《以弗所書》 6章10-18節。再慢慢重溫這經文，想像穿上各種盔甲。這可以是你為每天生活做準備時的操練。
3. 閱讀/唱路德著名的詩歌《堅固保障》。注意我們面對的爭戰，或閱讀/唱詩歌《高舉十架》。

## 《堅固保障》

上主是我堅固堡壘，永不動搖之保障；
上主是我隨時幫助，使我脫危難恐慌；
歷代仇敵撒但，仍欲興波作浪，牠奸狡又勢強，
殘忍毒辣非常，無比兇惡真難防。

我們若靠自己力量，雖然奮力必失敗；
有大能者在我一方，祂是上主所選派；
若你問祂是誰？基督耶穌元帥，又稱全能主宰，
世世代代不改，祂至終勝利奏凱。

縱全世界充滿鬼魔，恐嚇要將我毀滅，
我們不怕，因有神旨，靠主真理必告捷；
幽暗之君雖猛，我們也不心驚，狂暴我們能忍，
因牠永刑已定，主言一出即倒傾。

主言權能無邊無量，遠勝世上眾君王，
我們領受聖靈恩典，因主時常在我旁。

親戚貨財可捨，渺小浮生可喪，身體縱被殺害，
真理依然興旺，上主國度永久長。
（《生命聖詩》#50）

## 《高舉十架》

同宣主大愛，將十架高擎，直到萬邦尊崇基督聖名。
基督的戰士，隨元帥腳蹤，耶穌是君王，憑十架得勝。
得勝的標誌、十字架領先，耶穌的軍隊，團結勇作戰。
看見這標誌，眾魔軍戰兢，眾天使遮臉，齊俯伏致敬。
宣告全世界，傳遍各地方：主釋放心靈，勝罪惡死亡。
高舉十架上，主祢曾被釘，求祢今吸引，萬眾歸祢名。
設立祢寶座，賜和平安康，慈愛與公義，除憂傷絕望。
（《恩頌聖歌》#283）

4. 當你為這一天做準備時，提醒自己：主是「耶和華尼西」。

# 第四天：耶和華使我們成聖（耶和華—麥加底西）

DAY

4

神的下一個名字啟示是「耶和華麥加底西」（Jehovah-M'Kad-desh），意思是耶和華使人成聖。這個名字首次在《利未記》20章7至8節出現，當時耶和華對以色列民說話：「所以你們要自潔成聖，因為我是耶和華你們的神。你們要謹守遵行我的律例，我是叫你們成聖的耶和華。」

成聖一詞的意思是奉獻、呈獻、保持聖潔或分別出來。例如我們在《創世記》讀到第七日是獨特的，因為神把它分別出來：「到第七日，神造物的工已經完畢，就在第七日歇了祂一切的工，安息了。神賜福給第七日，定為聖日，因為在這日神歇了祂一切創造的工，就安息了。」（創2:2-3）

此外，我們知道人也會被「分別」出來。耶利米被神分別出來成為以色列民的先知，甚至在耶利米出生前就已經完成了。「我未將你造在腹中，我已曉得你；你未出母胎，我已分別你為聖；我已派你作列國的先知。」（耶1:5）

耶和華是「至聖者」，與萬物有別。因為祂是聖潔的，我們不能在自己的罪中靠近祂。先知以賽亞正要去聖殿哀悼烏西雅王駕崩時，他看見耶和華。六翼天使撒拉弗在那裡呼喊說：「聖哉！聖哉！聖哉！萬軍之耶和華，祂的榮光充滿全地。」（賽 6:3）以賽亞看見就俯伏喊叫：「禍哉！我滅亡了！因為我是嘴唇不潔的人，又住在嘴唇不潔的民中，又因我眼見大君王萬軍之耶和華。」（賽 6:5）從那時起，以賽亞知道人們接近聖潔神的惟一途徑，就是他們的罪孽要被潔淨。

聖潔的神要求祂的子民聖潔，首先且最重要的是，我們除了耶和華以外不事奉別神；因為人們會變得像他們事奉的神一樣。當我們為自己的罪悔改，憑信接受基督進入我們的心，我們就會明白，正如彼得所說：「神的神能已將一切關乎生命和虔敬的事賜給我們，皆因我們認識那用自己榮耀和美德召我們的主。因此，祂已將又寶貴、又極大的應許賜給我們，叫我們既脫離世上從情慾來的敗壞，就得與神的性情有份。」（彼後 1:3-4）

既然神是聖潔的，也呼召我們成為聖潔，這意味著我們確實與祂的本性、祂的屬性和祂的工作有份。由於我們擁有自由意志，我們將不斷選擇自己的生活方式；聖潔應該成為我們的生活方式。《聖經》一次又一次勸誡我們要過聖潔的生活，將一個分別的生命獻給神。

「所以弟兄們，我以神的慈悲勸你們，將身體獻上，當作活祭，是聖潔的，是神所喜悅的；你們如此事奉，乃是理所當然的。不要效法這個世界，只要心意更新而變化，叫你們察驗何為神的善良、純全、可喜悅的旨意。」（羅 12:1-2）

神在歷史中的最終目的，是有一天祂的教會將會被呈現「…作個榮耀的教會，毫無玷污、皺紋等類的病，乃是聖潔沒有瑕疵的。」（弗 5:26-27）

當我們知道作為神的兒女有一天會站在神面前，面對面見到祂，那麼我們該如何度過每一天呢？約翰澄清所有謎團，清楚地宣告：「親愛的弟兄啊，我們現在是神的兒女，將來如何還未顯明；但我們知道，主若顯現，我們必要像祂，因為必得見祂的真體。凡向祂有這指望的，就潔淨自己，像祂潔淨一樣。」（約壹 3:2-3）

## 練習

1. 閱讀《以賽亞書》6章1-8節。
2. 你如何描述以賽亞的經歷？你對神的本性有甚麼發現？這如何改變他的生命？
3. 「耶和華麥加底西」這個名字，如何應用在你的生活中？
4. 為神「分別」而活，你認為有甚麼意義？
5. 教會需要怎樣才能「聖潔」？
6. 今天為普世的教會禱告，使我們成為聖潔的子民。
7. 閱讀聖詩《聖哉！聖哉！聖哉》的歌詞。如果你熟悉這首歌，讓它成為今天祈禱的焦點。

## 《聖哉三一》

聖哉，聖哉，聖哉，全能大主宰！
清晨我眾歌頌，歡聲上達天庭；
聖哉，聖哉，聖哉，慈悲全能主宰，
讚美三一神，父子與聖靈。

聖哉，聖哉，聖哉，眾聖都敬拜，
放下黃金冠冕，環繞在水晶海；
千萬天使天軍，俯伏叩拜主前，
昔在而今在，永在億萬年。

聖哉，聖哉，聖哉，主莊嚴威榮；
罪人昏昧難見，因黑暗罪深重；
惟獨上主至聖，惟獨上主至尊，
全能又全愛，至聖潔真神。

聖哉，聖哉，聖哉，全能大主宰！
地上天空海洋，萬物同頌主名；
聖哉，聖哉，聖哉，慈悲全能主宰，
讚美三一神，父子與聖靈
（《生命聖詩》#5）

# 第五天：耶和華我的平安（耶和華—沙龍）

DAY 5

「耶和華沙龍」（Jehovah–Shalom）這個名字強調耶和華是平安的事實。

以色列的歷史展示了一種"過山車"的靈性，他們有時對神忠誠，有時卻忘記神並追隨其他民族的神。以色列民似乎忘記是被分別出來的一群特別子民，為要事奉神並完全跟隨祂。當他們離棄耶和華，他們會遇到嚴峻的難題和艱難的困境；然後他們在痛苦中向主呼求拯救，又重新委身事奉祂。這個過程一而再地重複著。

在《士師記》第六章有這樣的一個例子，當時以色列被米甸人極度壓迫。這些人迫害以色列人，奪走他們的土產，強迫他們躲在山洞裡，他們的生活變得非常悲慘。在這個時期有一個名叫基甸的年輕人住在那裡。有一天，當他在一個酒醡裡打麥時，耶和華的使者向他顯現，告知神會拯救這個民族；這種拯救是透過神任命基甸為領袖來實現。經過一番猶豫和再確定後，基甸接受了挑戰，憑信心建了一個祭壇，並稱為「耶和華沙龍」，期待神戰勝仇敵，帶來隨之而來的和平。

「平安（shalom）」一詞不僅表示沒有衝突，它更常帶有幸福和滿足的意思；在《聖經》時代，這是一種常見的問候方式，就是今天在中東部分地區仍然在使用。在基甸的時代，人們不知道平安；因為他們遠離神，而神是所有平安的源頭。只有當人與神和好，他們才能在與祂的關係中經歷祂所賜的平安，以及在困難時擁有內心的平靜，因為他們知道主與他們同在。

耶穌被稱為「和平之君」，祂不單傳揚和平，還應許賜予平安。祂對許多得醫治和受安慰的人說：「平平安安去吧！」耶穌復活後，彼得第一篇信息就是「因耶穌基督得平安」（徒10:36）。耶穌藉著祂的死，償還了我們的罪債，成就了和平，並使我們與神和好。保羅寫信給歌羅西教會：

「因為父喜歡叫一切的豐盛在祂裡面居住。 既然藉著祂在十字架上所流的血成就了和平，便藉著祂叫萬有，無論是地上的、天上

的，都與自己和好了。 你們從前與神隔絕，因著惡行，心裡與祂為敵。」（西 1:19-21）

當我們一直過信心的生活，信靠基督並每天與祂同行，就會不斷經歷祂更多的平安。保羅勸勉住在腓立比的基督徒，不要為發生在他們身上的事情憂慮。他們是耶穌的跟隨者，正面對困難的時期。保羅告訴他們只要將需要告訴神，然後給了他們這個應許：「神所賜出人意外的平安，必在基督耶穌裡，保守你們的心懷意念。」（腓 4:7）

當我們認識到自己屬於神，祂對生命的一切都有主權，並且將自己、所擁有和祈盼的一切都交托給祂，我們就會經歷「耶和華沙龍」。

## 練習

1. 背誦《腓立比書》4章7節。
2. 閱讀聖法蘭西斯的祈禱：

使我作祢和平之子，
在怨恨之中使用祢的愛，
在憂傷之中播送祢寬恕，
在懷疑之中顯出祢信實。
使我作祢和平之子，
在失望之處帶出祢盼望；
在罪惡黑暗發出祢的光，
在難過心靈播下你喜樂。
　*幫助我不要單單求安慰，
　更願意努力安慰幫助人，
　不求被瞭解，但求瞭解人；
　接受愛，更加願意付出愛。
使我作祢和平之子，
願寬恕別人好像你寬恕，
願施與別人好像祢施與，
願燃燒生命得永遠生命。

3. 閱讀《士師記》6-7 章基甸的故事。
4. 試描述你如何經歷神的平安：
    a. 你是否與神復和？你與祂有同在的平安嗎？
    b. 你如何在日常生活中經歷平安？

5. 唱詩《我願遵主旨意》：
    但願救主基督心意，在我身上常彰顯；
    願主憑祂慈愛權能，管理我言行。
    但願天父所賜恩言，時時銘刻在我心；
    令人明察我得勝利，惟靠主大能。
    願天父所賜平安，在我生命中作主；
    使我心靈沉著堅定，可慰人疾苦。
    但願基督耶穌大愛，充溢我心滿如海；
    高舉基督，謙卑虛己，愛中永誇勝。
    但願天天克敵剛強，奮勇堅定行天路，
    昂然向前，別事不顧，惟獨認定主。
    願我披戴主的美麗，吸引失喪人歸降；
    甘作寂寂無聞器皿，惟主被顯揚。
    阿們。
    （青年聖歌II）

# 第六天：耶和華我們的義（耶和華—齊根努）

DAY 6

「耶和華齊根努」（Jehovah–Tsidkenu）這個名字的意思是：耶和華我們的義。先知耶利米提到，必興起「公義的苗裔」和「祂必掌王權，行事有智慧，在地上施行公平和公義。在祂的日子，猶大必得救，以色列也安然居住。祂的名必稱為耶和華我們的義。」（耶23:5-6）

齊根努一詞用於伸張公義和糾正事情。在舊約中，審判官們被警告不要歪曲公正的判斷。然而，除非我們從神的屬性來看，否則很難傳達這個詞的完整含義。

耶和華本身就是完美的公義，與此相反，我們看到人性的罪惡和公義的缺失。詩人描述神是那位從天上看著世人，察看有沒有人

明白祂的道路，並且尋求行善；他的結論是沒有：「耶和華從天上垂看世人，要看有明白的沒有，有尋求神的沒有。他們都偏離正路，一同變為污穢；並沒有行善的，連一個也沒有！」（詩14:2-3）

使徒保羅在新約引用這段話說：「沒有義人，連一個也沒有！沒有明白的，沒有尋求神的；都是偏離正路，一同變為無用。沒有行善的，連一個也沒有！…所以凡有血氣的，沒有一個因行律法能在神面前稱義，因為律法本是叫人知罪。… 因為世人都犯了罪，虧缺了神的榮耀。」（羅3:10-12, 20, 23）

耶穌基督是神完全的啟示，是惟一的義人；祂是我們的耶和華齊根努。在人性上，祂達到神律法的完美標準，所以祂的義滿足了律法的所有要求。祂與父原為一，祂的義完全彰顯了神的義。

藉著耶穌基督，我們才能稱義。保羅寫道：「神使那無罪的，替我們成為罪，好叫我們在神裡面成為神的義。」（林後5:21）

彼得進一步闡述並宣告：「因基督也曾一次為罪受苦，就是義的代替不義的，為要引我們到神面前。按著肉體說，祂被治死；按著靈性說，祂復活了。」（彼前3:18）

藉著基督和祂代贖受死，我們才能被神悅納。我們的義是披戴了耶和華的義。

## 練習

1. 默想《羅馬書》3章23節：「因為世人都犯了罪，虧缺了神的榮耀。」花些時間思考這節經文，並注意這節經文如何適用於你的生活？你怎樣才不辜負神的期望？
2. 對你來說，穿上「基督的義」是甚麼意思？這是如何發生的？
3. 這如何影響你的日常生活？你如何追求「義」的生活？
4. 閱讀和默想《詩篇》130篇：
    耶和華啊，我從深處向祢求告；
    主啊，求祢聽我的聲音。
    願祢側耳聽我懇求的聲音！

主耶和華啊，祢若究察罪孽，誰能站得住呢？
但在祢有赦免之恩，要叫人敬畏祢。
我等候耶和華，我的心等候，我也仰望祂的話。
我的心等候主，勝於守夜的等候天亮，勝於守夜的等候天亮。
以色列啊，祢當仰望耶和華，
因祂有慈愛，有豐盛的救恩。
祂必救贖以色列脫離一切的罪孽。

## 第七天：耶和華我們的牧者（耶和華—羅伊）

DAY
7

「耶和華羅伊」（Jehovah–Rohi）這名字的意思是：耶和華是我的牧者。這是來自《詩篇》23 篇神的名字，也是最讓人難以忘懷的一首《詩篇》。

這首詩為歷代世人在面對艱難處境時帶來安慰，並學習相信神會恆久看顧。耶和華是照顧羊群的牧人，大衛撰寫神的這個名字，他也親身經歷神在一生中不斷的看顧。

《聖經》多次提到神是祂子民的牧者。先知以賽亞寫道：

「主耶和華必像大能者臨到，
祂的膀臂必為祂掌權。
祂的賞賜在祂那裡，祂的報應在祂面前。
祂必像牧人牧養自己的羊羣，
用膀臂聚集羊羔抱在懷中，
慢慢引導那乳養小羊的。」（賽 40:10-11）

以西結也給我們這種關係的圖畫。耶和華被呈現為真正的牧人，對假牧人表達了極大的憤怒，祂會尋找祂的羊，並把他們找回來。

「主耶和華如此說：我必與牧人為敵，必向他們的手追討我的羊，使他們不再牧放羣羊，牧人也不再牧養自己。我必救我的羊脫離他們的口，不再作他們的食物。
主耶和華如此說：看哪！我必親自尋找我的羊，將他們尋見。

牧人在羊羣四散的日子，怎樣尋找他的羊，我必照樣尋找我的羊。這些羊在密雲黑暗的日子散到各處，我必從那裡救回他們來。

我必從萬民中領出他們，從各國內聚集他們。引導他們歸回故土，也必在以色列山上，一切溪水旁邊，境內一切可居之處牧養他們。

我必在美好的草場牧養他們；他們的圈必在以色列高處的山上。他們必在佳美之圈中躺臥，也在以色列山肥美的草場吃草。

主耶和華說：我必親自作我羊的牧人，使他們得以躺臥。

失喪的，我必尋找；被逐的，我必領回；受傷的，我必纏裹；有病的，我必醫治；只是肥的壯的，我必除滅，也要秉公牧養牠們。」（西 34:10-16）

在新約中，耶和華羅伊這個名字在耶穌身上得到最充份的實現。祂宣稱：「我是好牧人。」（約10:11）那些聽到祂的人都知道，祂就是先知以賽亞所指的那牧羊人。耶穌有憐憫的心，祂說祂的子民像羊沒有牧人。祂講了一個比喻說，一個人有 100 隻羊，但其中一隻丟了。他會怎麼做，計算損失然後繼續生活？不是！牧羊人會去尋找那隻迷失的羊，把它帶回家並且慶祝。這就是神關心我們的方式。

但還有更多，我們的牧人耶和華會滿足我們的一切需要。祂會引領那些信靠祂的人走正路，保護他們免受一切災害，在主面前安穩；當他們受傷時，祂會溫柔地照顧醫治他們。

## 練習

1. 閱讀《詩篇》 23篇，及背誦這段經文。
2. 在你今天的祈禱中，紀念那些遠離神並覺得他們沒有希望的人。願他們知道「好牧人」正在尋找他們。
3. 願那些臨終的人知道，在生命最後的日子即使「行過死蔭的幽谷」，也不必害怕；主與他們同在。
4. 獻上以下禱告：
   耶和華神，祢的愛讓我們知道，我們需要祢的愛和恩典。
   因此，我們向祢禱告：
   為那些遭受痛苦的人，

為那些還沒有機會發揮自己潛能的人；
為那些滿足於過著不如他們應有生活的人；
為那些知道自己有罪、自己的無知、自己的需要，卻不認識耶穌的人；
為那些知道自己很快就會離世的人；
為那些急不及待想死的人。
主神，祢的兒子已經承擔我們所有的痛苦，並將其轉化。
當我們獻上這些祈禱時，幫助我們成為祢轉化愛的使者。
奉我們主耶穌基督祈求。阿們。[4]

# 備註/ 引用書目:

1. Thomas Merton, *Thoughts in Solitude* （New York: The Noonday Press） 1996. pg. 24.
2. Jeff Doles, *The Power of Giving Thanks* （Walking Barefoot Ministries Seffner Fl） 2004. pg. 6-8.
3. Thomas Merton. op.cit. pg. 56
4. Caryl Micklem, *Contemporary Prayers for Public Worship* （Grand Rapids Michigan: Eerdmans Publishing Co.） 1967. pg. 56.

# 第八週：按教會年曆禱告

歷代以來，神的子民制定了節期去慶祝神在歷史上的拯救作為，或者正如衛倫（Whalen）所說：「這是試圖保持平衡的狀態，時間就是道成肉身和末世啟示的一個平衡。」[1]

在摩西五經中有三個節期：逾越節、七七節（又稱五旬節）和住棚節。新約記載耶穌和早期基督徒都參與這些節期慶祝。舊約提到其他節期是贖罪節、無酵節、新年盛宴和普珥節；這些節期每年舉行一次。

在新約裡，慶祝活動圍繞著主耶穌的誕生、生活與死亡。主要節期是將臨期、聖誕節、主顯節、大齋期、聖週、復活節和五旬節。自四世紀以來，教會對這些節期都加以認可並慶祝。在宗教改革時期，基督教年曆被廢棄了。但是近年來教會愈來愈關注以某種形式，安排教會年曆中某些重大節期的慶祝。福音派教會有些人對這類慶祝有所猶豫並加以抵制，這也許是對的，因為可能會誤用。在這方面，倫納德（Leonard）作出提醒和方向。

「新約沒有禮儀年曆的記載，也沒有給每年遵守的節期；使徒保羅對守節的特別日子漠不關心。信徒是否守這些日子應該取決於個人信念，目的是要榮耀和感謝主（羅 14:5-6）。無可置疑，從

歷史上看，基督教教會在每年的節期找到特殊的意義，鼓勵信徒肯定神在耶穌基督裡的拯救作為。」[2]

如果我們要慶祝教會年曆，我們必須記住這樣做的目的。

以下是基督教整個年曆各大慶賀的簡要闡述，然後是一些幫助你這年實踐祈禱和靈修的指導操練。從歷史上看，基督教年曆以基督的死亡和復活開始；不過我們以慶賀的將臨期開始教會年曆，這是為基督降臨作準備的時間。

## 將臨期

將臨期（Advent，意思是將要來到），這是我們慶賀基督以三重方式降臨的時刻：祂是應許的彌賽亞，住在我們心中的救主，祂也是人們期待會再來審判世界，最終以公義和真理統管的那一位。首次慶祝這個節期是在第六世紀，在聖誕節前四個星期開始。在這期間，教會專注於盼望、期待和渴想的主題。這與以色列人等待彌賽亞的到來非常相似。同樣地，我們也仰望主再來的應許實現。

## 聖誕節

我們無從得知基督誕生的確切日期。祂的誕生在《馬太福音》和《路加福音》中有提及，而歷史上教會則選擇在每年12月25日慶祝這個紀念日。選擇這個日期，是要應對羅馬的冬至或日光較長的慶祝活動。有些基督徒對此表示反對，因為他們擔心人們將慶賀神的兒子與太陽神混淆。這個慶祝是一個美好時刻，專注於「道成了肉身，住在我們中間，充充滿滿的有恩典、有真理。我們也見過祂的榮光，正是父獨生子的榮光。」（約1:14）在耶穌基督裡，有以馬內利「神與我們同在」的奧秘。

## 主顯節

主顯節（Epiphany）這個詞的意思是：顯現或啟示。最初這個慶祝的重點是耶穌作為「愛子」受洗。不過到了四世紀是慶祝耶穌向世界的啟示，以「智者」從東方到來朝拜君王為代表。這應驗

了以賽亞的預言：「興起！發光！因為祢的光已經來到！...萬國要來就祢的光，君王要來就祢發現的光輝...」（賽60:1-6）

## 大齋期：聖灰星期三

主顯節以大齋期（Lent）作結束，這是一個透過自我省察，有個人和群體屬靈更新的時間。有些學者認為參加者遵守大齋期是為復活節的洗禮做準備，開始先有禁食期。這是一段40天的時間，從我們抹灰象徵死亡的標記開始，然後在接著五週內進行，到棕樹主日是高潮，標誌著聖週的開始。由於星期日不視為齋戒日，大齋期被調回聖灰星期三（Ash Wednesday）開始，以配合有40天的時間。

# 聖週

聖週（Holy Week）是紀念耶穌的一生，實際上是大齋期的一部分。這期間教會反思基督的受難，祂的受苦和死亡。在經文中，我們讀到祂在客西馬尼園掙扎懇求天父「挪開這杯」，知道祂被一個門徒背叛，我們試圖理解被釘十字架上殘酷痛苦的死亡。

## A. 棕樹主日

聖週以耶穌凱旋進入耶路撒冷的棕樹主日（Palm Sunday）開始，祂在那裡被稱為「大衛的兒子」、「以色列的王」，人們高喊著「和散那！」這呼喊來自詩人的說話：

> 「耶和華啊，求祢拯救；
> 耶和華啊，求祢使我們亨通！
> 奉耶和華名來的是應當稱頌的，
> 我們從耶和華的殿中為你們祝福。」（詩 118:25-26）

## B. 濯足節

在耶穌死前最後一週，祂和門徒聚集在樓房裡慶祝逾越節。在聚會中，耶穌拿了一盆水和一條毛巾為門徒洗腳，這是大家沒準備好要彼此做的事。耶穌洗腳後對他們說：「我是你們的主，你們

的夫子，尚且洗你們的腳，你們也當彼此洗腳。我給你們作了榜樣，叫你們照著我向你們所做的去做。… 我賜給你們一條新命令，乃是叫你們彼此相愛；我怎樣愛你們，你們也要怎樣相愛。」（約 13:14-15, 34）。因此，教會開始慶祝「濯足節（Maundy Thursday）」，這一慶祝活動源自拉丁語（mandatum novum），意為'新命令'。耶穌在洗腳的行動中清楚展現了這條愛的命令，當祂離開那個地方，祂將走向十字架，那裡是終極犧牲和愛的所在。

## C. 受難日

受難日（Good Friday）的英文是個耐人尋味的名詞，最初被稱為「聖週五」（God's Friday）。韋伯這樣解釋：「對耶穌自己受難和痛苦而言，這不是一個好（good）日子。但是由於耶穌的死是邪惡勢力被擊退和被推翻的一天，這就是個好日子。我們在那一天敬拜中慶祝，捕捉著這種張力，我們既透過與耶穌的認同而帶來悲傷，又清晰知道祂的受死是死亡的死亡，感受到毀滅了所有邪惡勢力的喜悅。」[3] 今天在大多數基督教教會，耶穌受難日被視為反思基督受死，並且為我們罪惡代贖的時刻。這是一個嚴肅反省的時刻，夾雜著一定的希望。

## 復活節

復活節（Easter）是基督教年曆中最歡樂的節期。基督復活了！哈利路亞！

我們慶祝基督已經粉碎死亡的捆鎖，並且透過祂從死裡復活，我們也會重獲新生。保羅是這樣表達：「但基督已經從死裡復活，成為睡了之人初熟的果子。死既是因一人而來，死人復活也是因一人而來。在亞當裡眾人都死了，照樣，在基督裡眾人也都要復活。」（林前15:20-22）

## 五旬節

五旬節（Pentecost意思是第五十）是舊約的七七節，逾越節後第50天。在新約耶穌復活後，祂升天前在地上停留了40天，又吩咐

門徒等候聖靈降臨。在祂升天的十天後，聖靈降臨在教會，人們開始公開宣揚耶穌是主和救主。那一天，幾千人信主，教會在復活基督的靈下得到更新和能力。

## 平常日子

基督教年曆試圖以順序的方式，標記著基督生命中重要的事件，以五旬節作結。五旬節至將臨期之間的日子，稱為五旬節後的季節或平常日子。這並不表示那是無關重要的時期，重點是放在教會的使命和對世界的見證上。

## 練習

# 將臨期

1. 閱讀馬利亞和喜報基督誕生的記載。《路加福音》1章26-38節和46-55節。你如何代入第 46-55 節馬利亞所表達的慶賀？
2. 閱讀施洗約翰的記述《馬太福音》3章1-3節和他準備人們接受彌賽亞的事工？
3. 你如何在期盼主再來中生活？
4. 唱詩/思考《期待已久的耶穌降臨》。這首讚美詩如何表達你對基督再來的渴望？

    《我們渴望耶穌降臨》

    我們渴望耶穌降臨，祂必定釋放萬民；
    恐懼罪惡今被消除，真平安充滿我心。
    以色列的安慰力量，人類盼望在於祢；
    萬國萬民虔誠期待，饑渴心靈得歡欣！
    降世為要拯救百姓，祂是嬰孩祂是君；
    降世為要治理我心，恩典國度眾歡迎。
    永恆聖靈求祢管理，我們內心惟有祢；
    靠我恩主贖罪大功，榮耀寶座前侍立。
    （新心音樂事工，中譯：余遠淳）

## 聖誕節

1. 閱讀《以賽亞書》 9章2-7節和52章7-10節。花時間默想和平之君已經來到，並帶來和平信息的事實。

2. 這個和平信息在你的生活、社區和世界怎樣帶來希望？
3. 用以下詩歌反思。
　　《以馬內利來臨歌》
　　以馬內利，懇求降臨，救贖解放以色列民；
　　淪落異邦，寂寞傷心，引頸渴望神子降臨。
　　歡欣歡欣！以色列民，以馬內利，定要降臨。
　　耶西之杖，懇求降臨，撒但手中，釋放子民；
　　地獄深處，拯救子民，使眾得勝，死亡之墳。
　　（《生命聖詩》#106）

4. 獻上以下「聖誕禱文」：
　　天父，我們讚美祢為聖誕節的平凡，
　　那是和其他任何一天都一樣。
　　我們讚美祢，天上沒有任何跡象，
　　也沒有明亮的星星，祢只有尋常孩子出生時的光芒。
　　我們讚美祢是世人一切事務的中心，
　　投入生命的掙扎，分享人們的經歷。
　　我們讚美祢，因為祢的憐憫，
　　替代了我們，又為我們的生命開啟新路。
　　我們祈禱這天能看到這真正的榮耀。
　　藉我們的主耶穌基督祈求。
　　阿們。4

5. 靜坐五分鐘來結束你的時間，然後感謝神在你生命中的同在。

## 主顯節
1. 閱讀《馬太福音》2章1-12節關於博士來訪的記載。
2. 為基督福音可傳遍普世禱告。紀念世界各地的基督徒弟兄姊妹，他們為福音的緣故正經歷巨大的困難和艱辛；紀念並默想耶穌的話：「為義受逼迫的人有福了，因為天國是他們的。」（太 5:10）
3. 默想這首詩歌，它向我們講述耶穌帶來光並驅走黑暗。
　　《滿懷喜樂》
　　博士滿懷喜樂心，仰望景星導前行；
　　歡呼迎接星光華，燦爛輝煌照前程；
　　懇求慈悲仁愛主，常領我見祢面容。
　　他們歡然行遠路，尋我主降生地方，

屈膝虔誠來敬拜，天地唯一大君王，
求主使我樂意來，施恩座前常仰望。
他們敬將好禮物，獻在卑微聖嬰前，
求使我們亦歡然，純潔自由離罪愆，
將我們珍貴禮物，獻在基督寶座前。
懇求聖潔主耶穌，日日領我走窄路，
等到世事成過去，蒙救靈魂享天福，
不再需要星引導，有主榮光永照耀。
（生命聖詩 #108）

4. 呈獻以下的禱告，並以保持安靜結束。
　　全能的神，在這個主顯節期間，
　　我們再次正視耶穌基督是世界之光。
　　我們在這天放下所有的活動，
　　反思祢在我們生命中的同在。
　　我們知道，許多人在黑暗的生活中掙扎和跌倒。
　　願我們不要自私地把這光留給自己，
　　而樂意向別人映照祢。
　　幫助我們抓住每個來到的機會…
　　藉著我們的行為和話語，
　　與我們每個遇到的人，
　　分享基督奇妙的故事時，能見證祢的同在。
　　賜給我們勇氣和膽量，
　　好讓我們的事工能向所有人傳揚耶穌基督的好消息。
　　我們奉耶穌基督的名、世界之光祈禱。
　　阿們。

## 大齋期
1. 閱讀《約珥書》 2章1-2節和12-17節，反思群體懺悔的渴望。
2. 為大齋期開始禱告。
　　主神，
　　當我們紀念耶穌基督受引誘、受苦和死亡時，
　　幫助我們背起十字架並跟隨祂。
　　神啊，救我們脫離傷害和驕傲所導致的憤怒，
　　以免我們懷有憤慨和怨恨，拒絕去愛和寬恕。
　　懇求藉著聖靈的能力，幫助我們像耶穌那樣：
　　愛我們的敵人，為逼迫我們的禱告，

並寬恕他們的過錯。
神啊，救我們脫離自我中心，
不要對別人的需要視而不見。
求藉著聖靈的能力，幫助我們像耶穌那樣生活：隨時準備聆
聽，從不厭煩幫助人，
生活不是常為自己，而是為了祢和別人。
主神，把我們從自私自利拯救出來，
不叫我們把自己放在首位並把其他人推開。
求藉著聖靈的能力，幫助我們像耶穌那樣：
放下自我，背起十架。
我們奉聖父、聖子和聖靈的名祈禱。
阿們。5

3. 你可以參加教會聖灰星期三崇拜。當灰抹在你前額，聽到「你
   出於塵土，也必歸於塵土」這句話時，對你有何意義？
4. 花些時間反思你的生活。求主顯明在你生命中祂想要改變的地
   方，向神承認你知道的那些罪；讚頌神的憐憫和恩典。

## 棕樹主日

1. 閱讀耶穌凱旋進入耶路撒冷的記載（太21:1-11）。
2. 默想這首詩歌。

   《唱和散那》
   唱和散那！和散那！
   兒童齊聲歌唱，
   在宏偉美麗殿中，聖詩聲音悠揚。
   耶穌曾祝福他們，緊抱在祂胸膛，
   孩童所唱讚美詩，簡單意義深長。
   他們自橄欖山麓，跟隨歡樂群眾，
   揮動勝利棕樹枝，高聲歌唱讚頌。
   世人天使的主宰，謙卑騎驢駒上，
   並不輕視小兒童，接納他們歡唱。
   「和散那歸至高神！」我們仍唱此歌，
   基督是我們救主，我王天上的主。
   我們當永頌讚祂，以心以行以聲，
   在主喜樂面光中，永遠歡欣不停。
   （生命聖詩 #519）

3. 反省和默想這個禱告。

　　主耶穌，當祢進入耶路撒冷時，

　　人們喊叫：

　　「奉主名來的人是應當稱頌的，和散那歸至高神！」

　　主啊，我們要加入他們的歡呼和讚美。

　　當人們的讚美變成嘲諷，

　　他們高喊：「釘死祂！」

　　祢為他們得寬恕祈禱。

　　主耶穌，

　　我們和那些嘲笑的人一樣，都需要祢的寬恕。

　　當祢從死裡復活，

　　人們被引領看到祢的生和死有神超越的愛。

　　主啊，我們感謝祢，

　　沒有甚麼能使我們與在祢裡面找到的愛隔絕。

　　讚美和尊崇、榮耀和權能，

　　都歸於坐在寶座上的羔羊，直到永永遠遠。

　　阿們。[6]


## 濯足節

1. 閱讀耶穌為門徒洗腳時的僕人行為的記載。《約翰福音》13章
　　1-17節。

2. 閱讀和默想這詩歌。

　　《一條新誡命》

　　我賜給你們一條新命令，

　　叫你們彼此相愛，像我愛你們；

　　叫你們彼此相愛，像我愛你們。

　　若彼此相愛，

　　世人因此就認出你們是我的門徒。

　　若彼此相愛，

　　世人因此就認出你們是我的門徒。


3. 獻上以下禱告。

　　主耶穌，祢是夫子，

　　卻以僕人樣式為門徒洗腳；

　　教我們也彼此服侍。

　　除去所有的驕傲和虛榮的野心，

給我們謙卑的靈，
好叫我們不僅能事奉祢，也曉得彼此服侍；
主耶穌，賜我們有祢的態度：
「祂本有神的形像，
不以自己與神同等為強奪的，反倒虛己；
取了奴僕的形像，成為人的樣式。
既有人的樣子，就自己卑微，
存心順服，以至於死，且死在十字架上。
所以神將祂升為至高，
又賜給祂那超乎萬名之上的名，
叫一切在天上的、地上的和地底下的，
因耶穌的名無不屈膝，
無不口稱耶穌基督為主，使榮耀歸與父神。」（腓2:6-11）阿
們。

## 受難日

1. 閱讀以賽亞的預言 53章1-12節。閱讀耶穌受難的記載，《馬可福音》15章1-41節。

2. 默想受難日的祈禱：
　　神啊，
　　當他們把耶穌釘在十字架上，我們並不在場。
　　但是我們今天在這裡，
　　可以用自己的方式想像主的痛苦和磨難。
　　我們試圖審視歷史，
　　大膽聲稱自己絕不會那樣做，
　　駁回任何個人有份參與的罪疚。
　　然而，我們卻是這樣做，而且仍在做！
　　無論我們如何努力，
　　我們都無法逃避
　　自己有份參與釘基督在十架死亡的事實。
　　在這一天，
　　祂為了我們頑梗叛逆的罪死了。
　　神啊，
　　請寬恕我們的軟弱和搖擺不定的信心；
　　與基督同在相比，
　　我們更受群眾壓力的制衡和控制。

在我們心靈中重演主釘十字架，
讓我們可以看到祢伸出那受傷的愛之手。
除去罪惡的陰影，
讓我們經歷耶穌受難日的救贖之美善和憐憫。
藉我們靈魂偉大的牧者耶穌基督祈求。
阿們。7

3. 唱詩歌：

《主十架下》
在主耶穌十架下，我願站立堅定，
如酷熱天遠行辛苦，進入磐石蔭影；
如曠野中欣逢居所，長途喜見涼亭；
到此得釋肩頭重擔，養力奔赴前程。
在主耶穌十架下，我常擡頭仰望，
彷見救主受苦慘狀，為我忍受死亡；
熱淚滿眶寸心如裂，內心反覆思量：
思量我身不配受恩，思量主愛非常。
我願在主十架下，為我定居之鄉，
我不尋求其他光輝，只求主面慈光；
甘願撇下世界虛榮，得失不再計較，
我將己罪看為羞恥，十架為我榮耀。
（生命聖詩121）

# 復活節
主復活了！祂真的復活了！哈利路亞！

1. 歌唱復活節詩歌。
《耶穌基督今復生》
基督耶穌今復生，哈利路亞！
天使世人同歡欣，哈利路亞！
高唱歡樂凱旋歌，哈利路亞！
諸天大地同唱和，哈利路亞！
慈愛救贖大功成，哈利路亞！
戰爭完畢主得勝，哈利路亞！
衝破死亡主復生，哈利路亞！

樂園大門主已開，哈利路亞！
榮耀君王已復生，哈利路亞！
死亡毒鈎有何害？哈利路亞！
我主捨命救眾生，哈利路亞！
死亡權勢今何在？哈利路亞！
主復活帶我高升，哈利路亞！
誠心跟隨尊榮主，哈利路亞！
效主樣式亦復生，哈利路亞！
經歷十架亦得勝，哈利路亞！
（生命聖詩137）

2. 閱讀《馬太福音》關於復活的記載（太28:1-5）。
3. 用《使徒信經》宣告你的信仰。
　　我信上帝，全能的父，創造天地的主。
　　我信我主耶穌基督，上帝的獨生子，
　　因聖靈感孕，由童貞女馬利亞所生，
　　在本丟彼拉多手下受難，
　　被釘十字架、受死、埋葬，
　　第三天從死人中復活、升天，
　　坐在全能父上帝的右邊，
　　將來必從那裡降臨，審判活人死人。
　　我信聖靈，我信聖而公之教會，我信聖徒相通，
　　我信罪得赦免，我信身體復活，我信永生。阿們。

## 五旬節

1. 閱讀《使徒行傳》2章1-21節描述教會的誕生，或《以西結書》37章1-14節，先知在那裡講述神的靈所賜予的新生命。
2. 祈求神賜你生命的力量。
　　「神的靈，強勁如風，無法捉摸。
　　正如祢在第一次五旬節降臨於耶穌的跟隨者身上，徹底震撼了他們的生命，
　　他們發現自己正在做一生從未夢想過的事。
　　因著是祢，神的靈，
　　世世代代以祢的能力，使男女信徒能夠在這世上講述耶穌的好消息，並像祂一樣服侍人。

神的靈，強大而難測，猶如烈風，
降臨在我們身上，賜予我們每日生活的力量。阿們。」[8]

3. 頌唱/ 閱讀詩歌：
《求聖靈教導》
求上主聖靈，降臨我心中；潛移又默化，消除世俗情；
垂憐我軟弱，彰顯主大能；使我愛上主，盡力又盡心。
我不求異夢，或先知異象；不求此肉身，頓然脫凡塵；
亦不望天開，天使忽降臨；但求從我靈，把幽暗除清。
教我常感受，聖靈在我旁；訓練我擔受，心靈的掙扎，
使我能勝過，疑惑與歎息，禱告未蒙允，仍耐心等候。
教導我愛主，像天使一樣，聖潔的熱誠，充滿我身心，
聖靈的施洗，如鴿降我身，主愛成烈火，燃於我心壇。阿們。
（生命聖詩154）

# 平常日子

1. 閱讀《約翰福音》17 章。當你尋求拓展基督普世的事工時，用這段經文禱告。
2. 以「主禱文」結束。
「我們在天上的父，願人都尊祢的名為聖。
願祢的國降臨，
願祢的旨意行在地上，如同行在天上。
我們日用的飲食，今日賜給我們；
免我們的債，如同我們免了人的債。
不叫我們遇見試探，救我們脫離兇惡；
因為國度、權柄、榮耀，全是祢的，直到永遠。阿們！」（太 6：9-13）

3. 頌唱/ 閱讀詩歌：
《我在這裡》
我是天和海的主，我聽到我民呼求；
所有深陷罪惡者，我手拯救。
我創造夜空星宿，使黑暗變為光亮；
誰願傳揚這真光，誰聽差遣？
＊主，差遣我，我在這裡。祢的呼聲我必側耳聽。
主，我願去，請祢引導。我盡心要領人歸向祢。

我是雪和雨的主，我背負我民痛苦。
我因愛他們流淚，他們背棄。
我粉碎那鐵石心，賜他們愛心替代。
我要對他們說道：誰聽差遣？
我是風和火的主，我看顧貧窮瘸腿。
我為他們設筵席，我手拯救。
我供應珍貴靈糧，直到他們心滿足。
我賜生命給他們。誰聽差遣？
（《頌主新詩》#118）

## Endnotes:

1. Michael Whalen, *Seasons and Feasts of the Church Year* （New York: Paulist Press）1993 pg. 7
2. Robert Webber （editor）, *The Complete Library of Worship* Volume 1 （Nashville: Star Song Publishing Group）1993 pg. 194
3. Robert Webber, *Ancient Future Time* （Grand Rapids: Baker）2004 pg. 130
4. Carl Micklem, *Contemporary Prayers for Public Worship* （Grand Rapids: Eerdmans）1967 pg. 113
5. ibid. pg. 115
6. ibid. pg. 118
7. Robert Webber （editor）*The Complete Library of Worship* op.cit. pg. 290.
8. Carl Micklem op.cit. pg. 131

www.ingramcontent.com/pod-product-compliance
Lightning Source LLC
Chambersburg PA
CBHW050749100426
42744CB00012BA/1946

* 9 7 8 1 9 8 8 9 2 8 3 2 6 *